芥川龍之介の桃太郎

芥川龍之介
寺門孝之　画

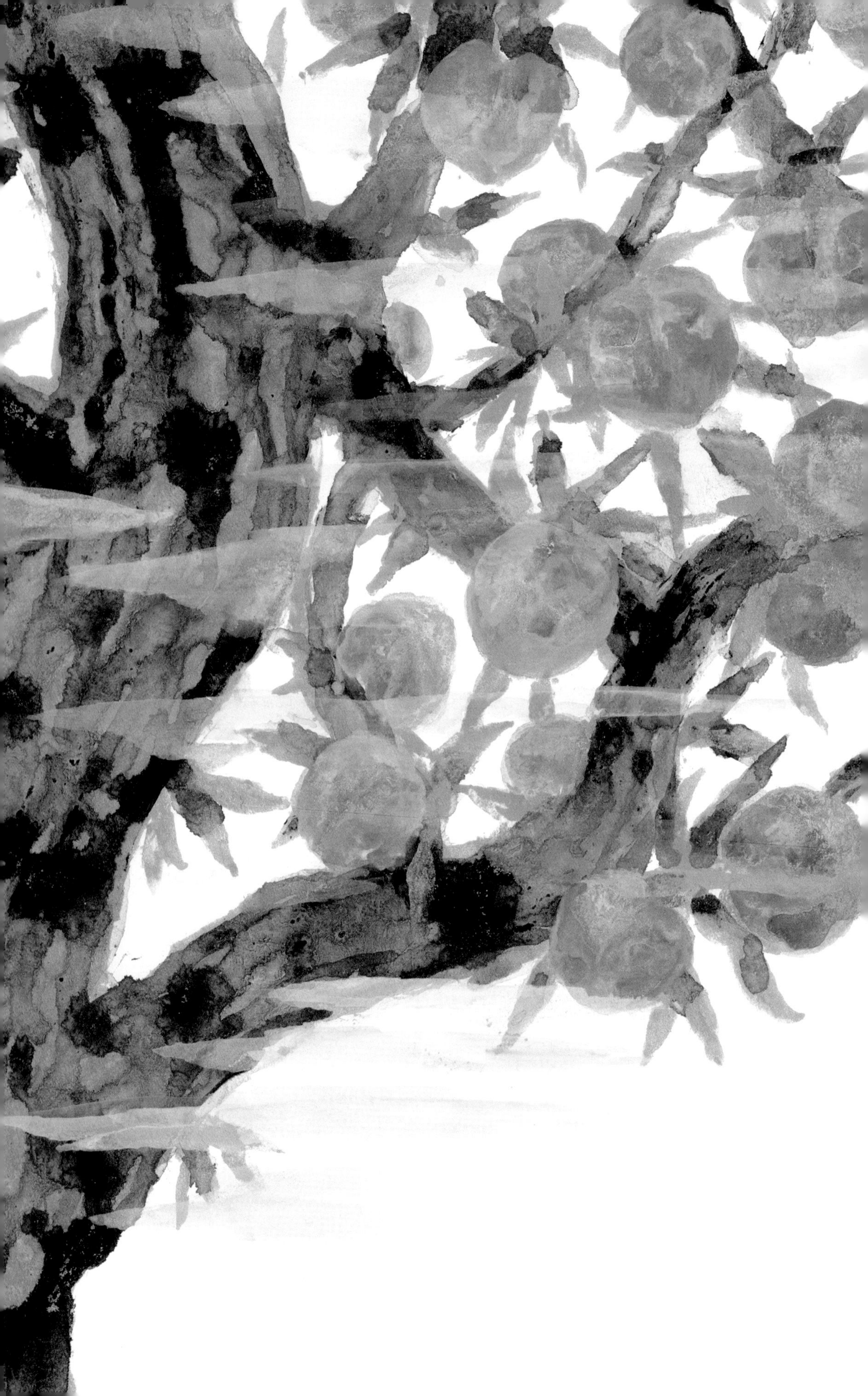

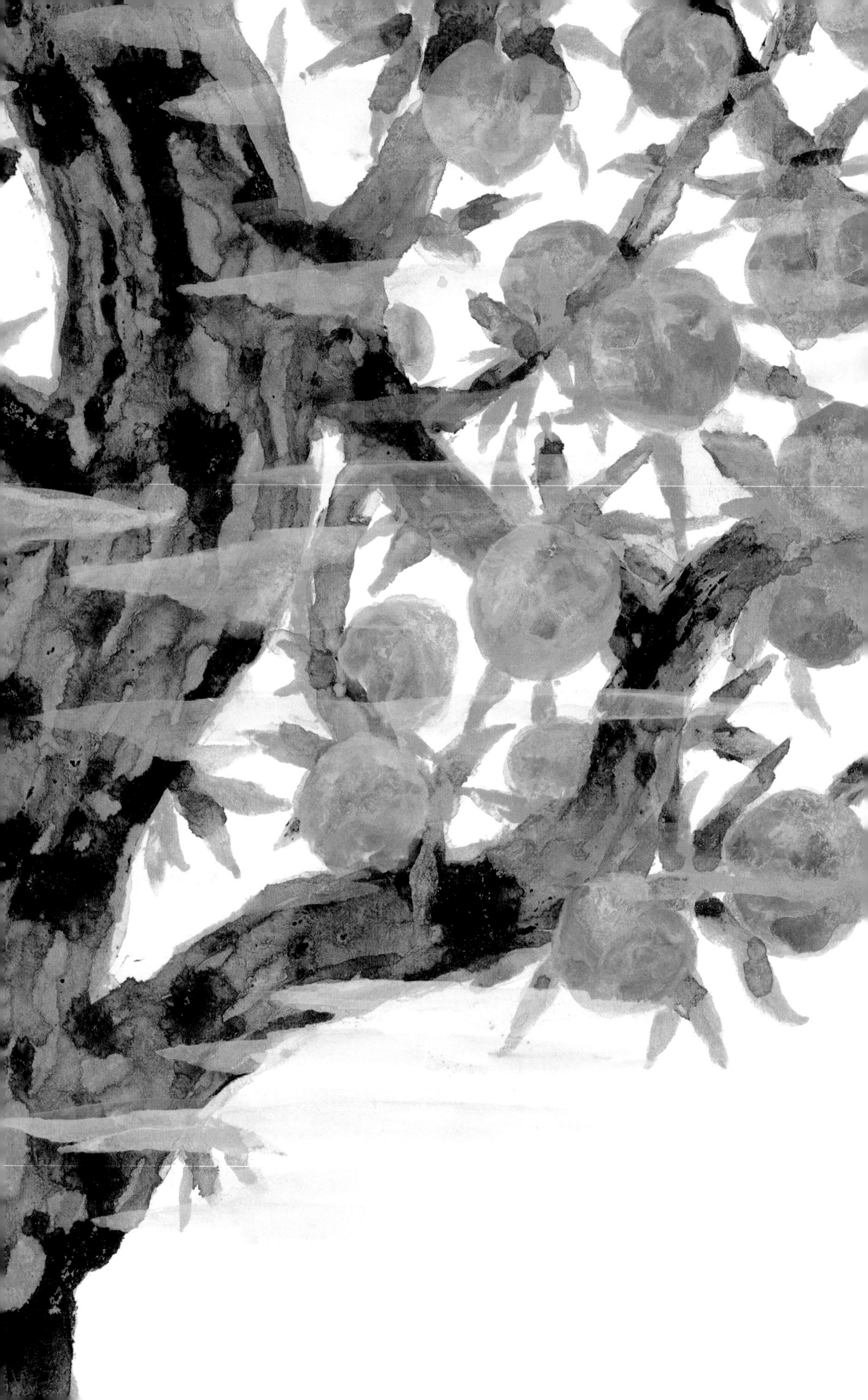

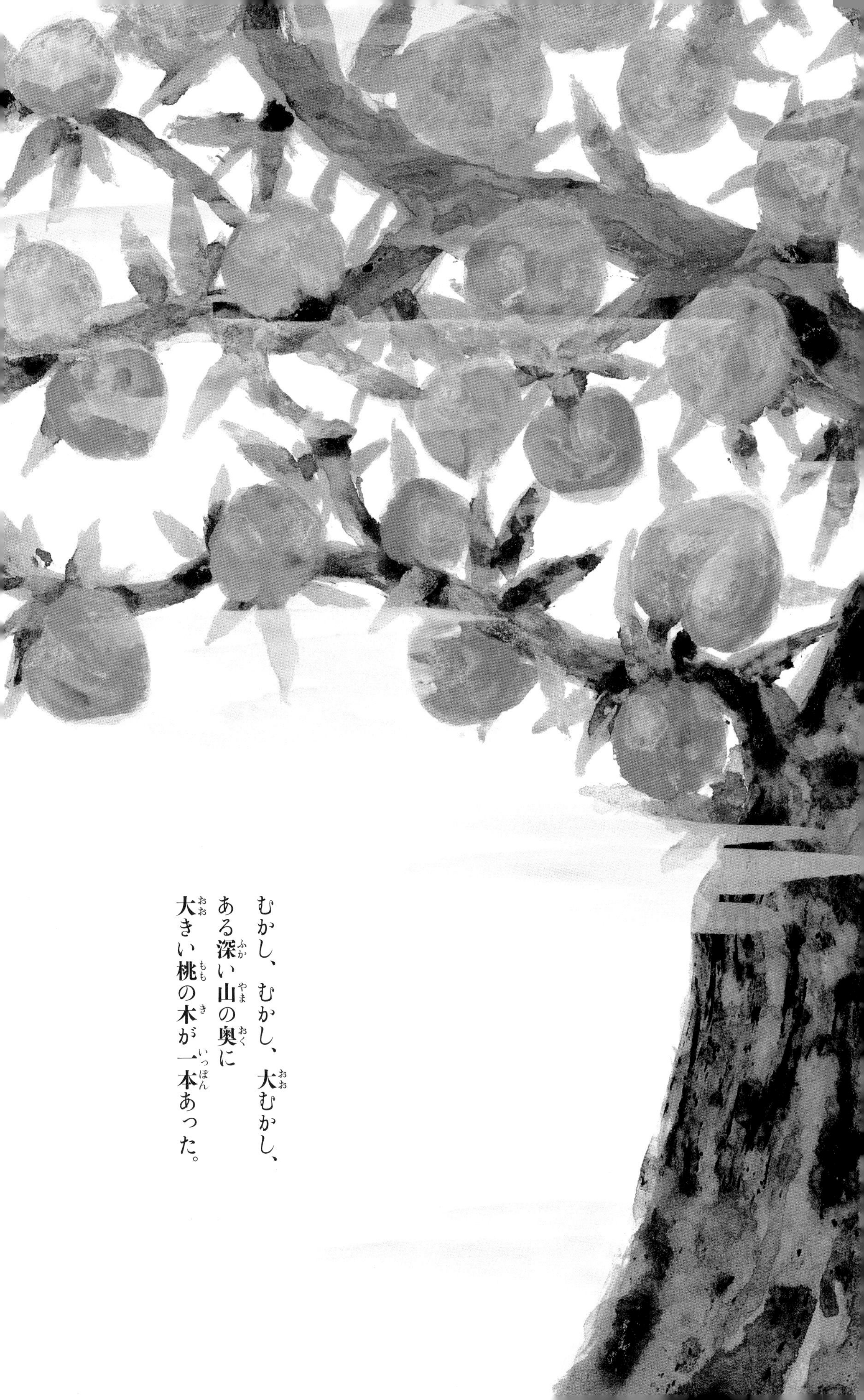

むかし、むかし、大《おお》むかし、
ある深《ふか》い山《やま》の奥《おく》に
大《おお》きい桃《もも》の木《き》が一本《いっぽん》あった。

大《おお》きいとだけでは
いい足《た》りないかも知《し》れない。
この桃《もも》の枝《えだ》は
雲《くも》の上《うえ》にひろがり、
この桃《もも》の根《ね》は
大地《だいち》の底《そこ》の黄泉《よみ》の国《くに》にさえ
及《およ》んでいた。

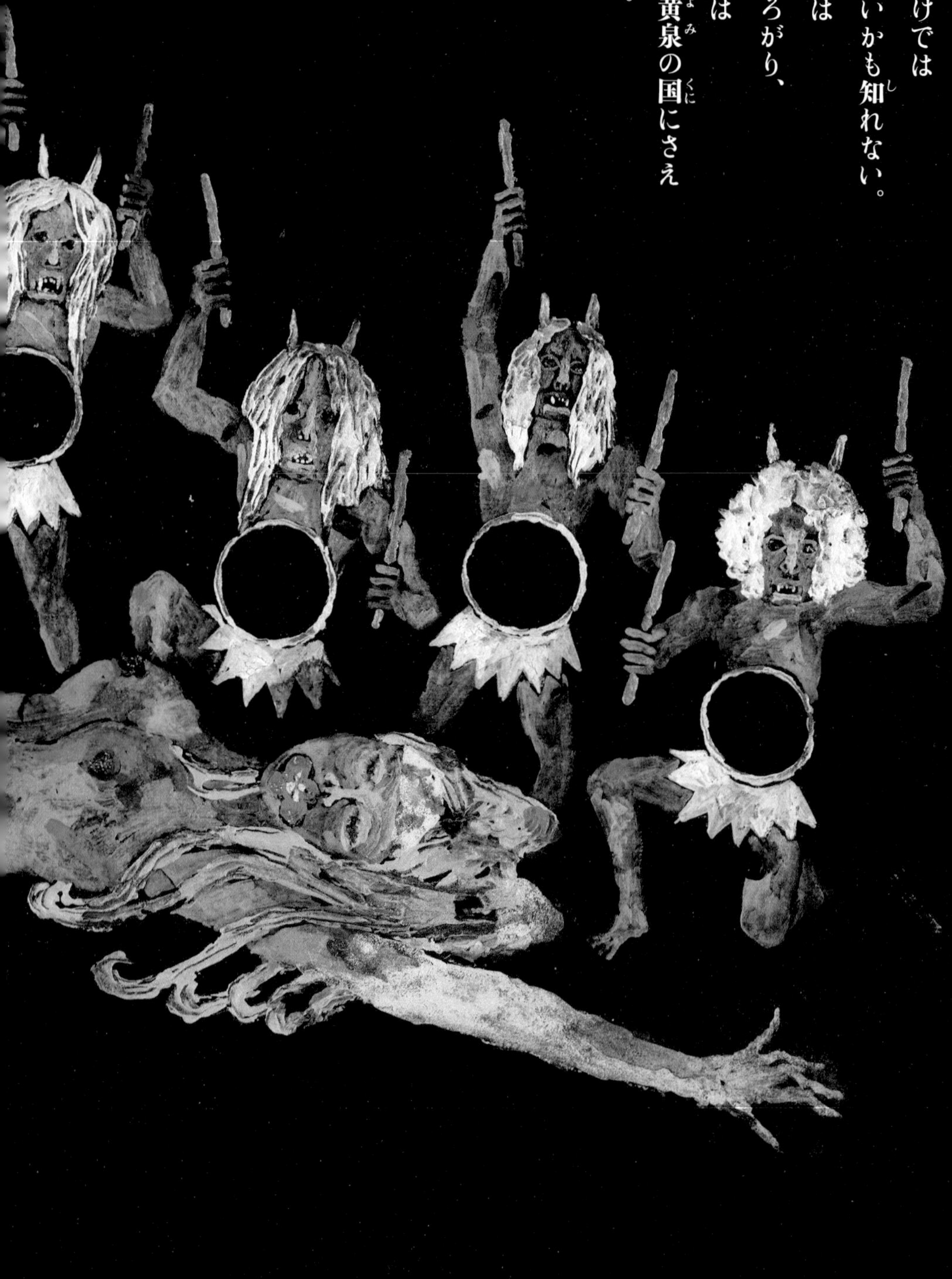

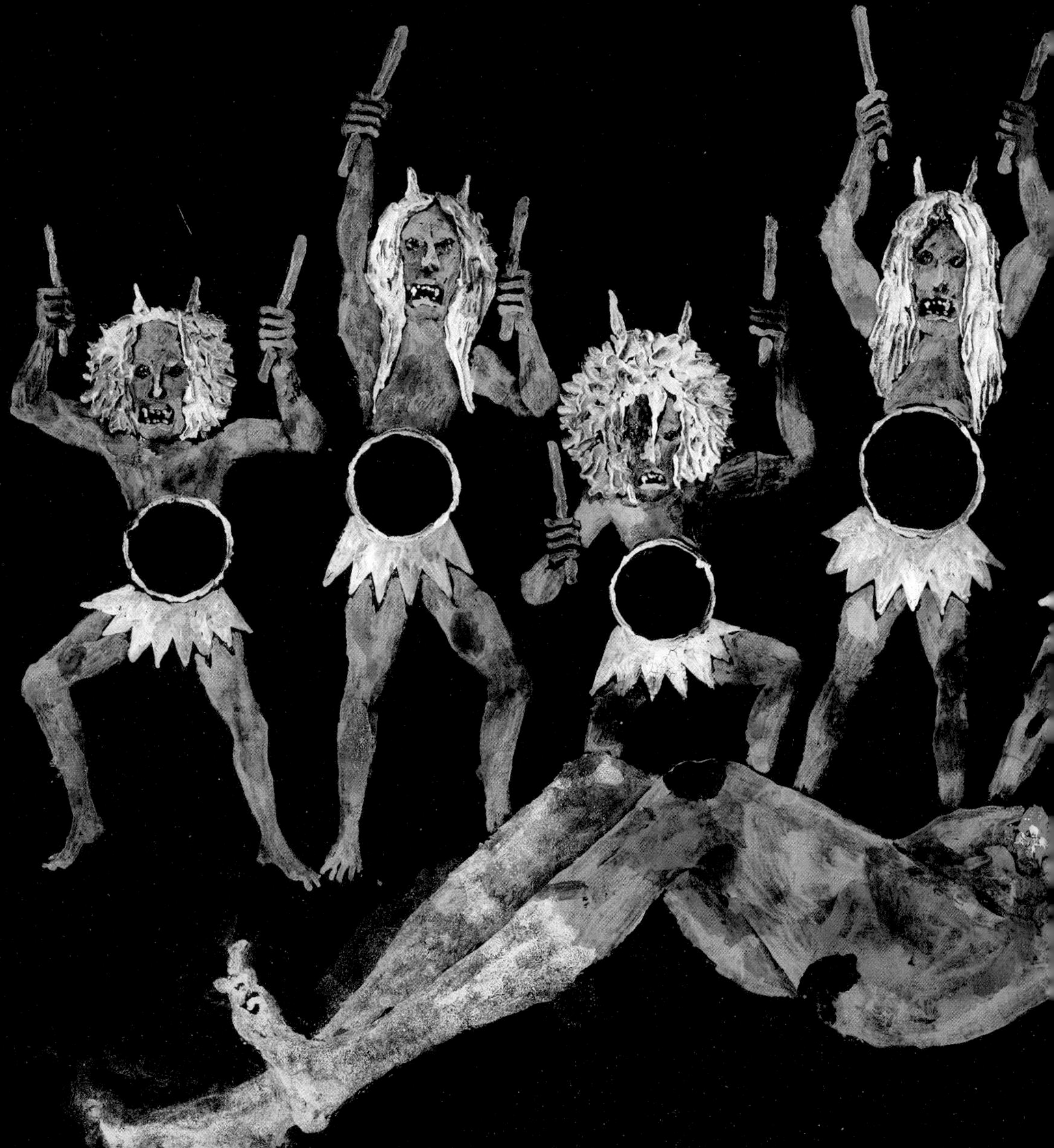

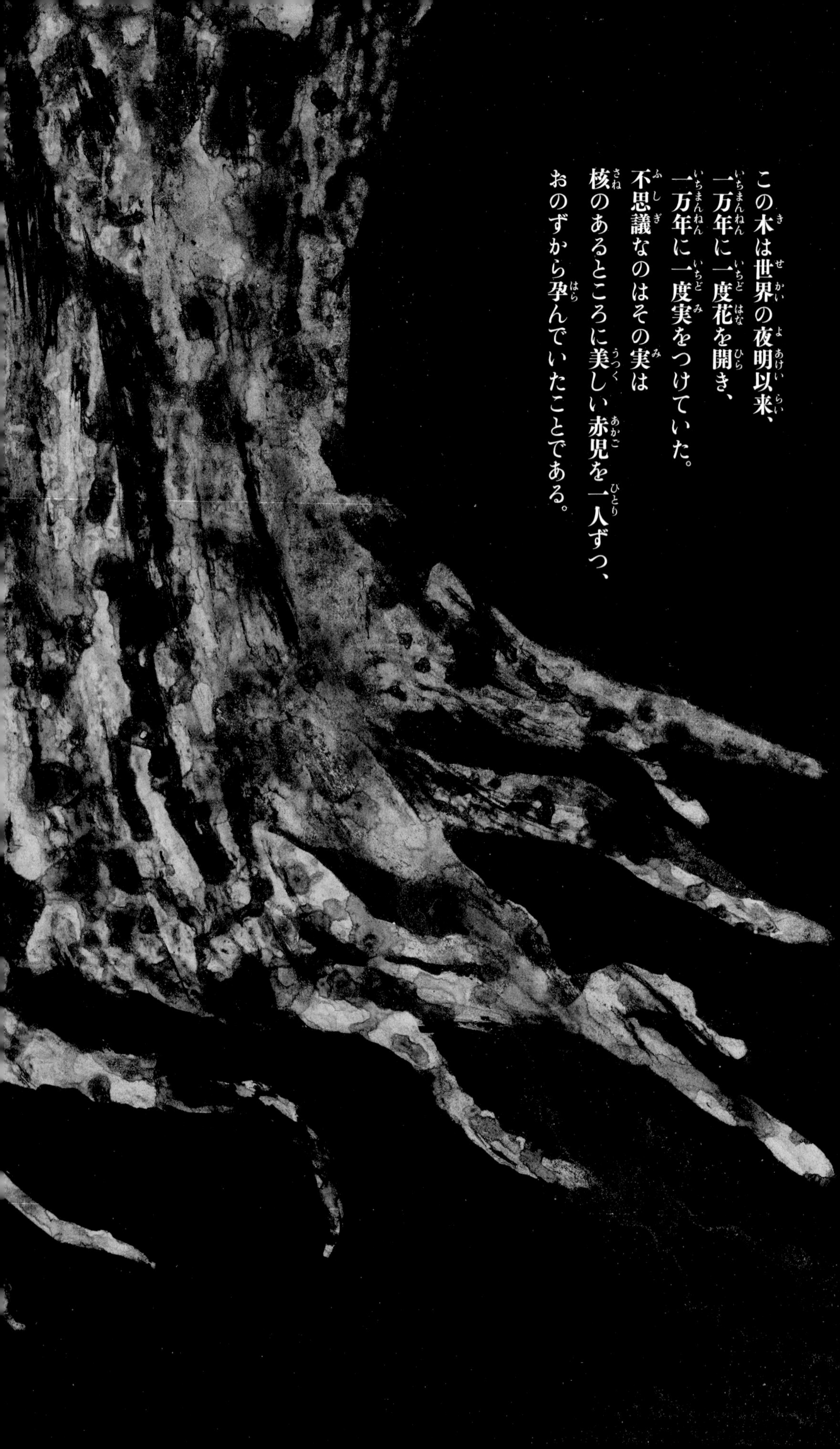

この木《き》は世界《せかい》の夜明《よあけ》以来《いらい》、
一万年《いちまんねん》に一度《いちど》花《はな》を開《ひら》き、
一万年《いちまんねん》に一度《いちど》実《み》をつけていた。
不思議《ふしぎ》なのはその実《み》は
核《さね》のあるところに美《うつく》しい赤児《あかご》を一人《ひとり》ずつ、
おのずから孕《はら》んでいたことである。

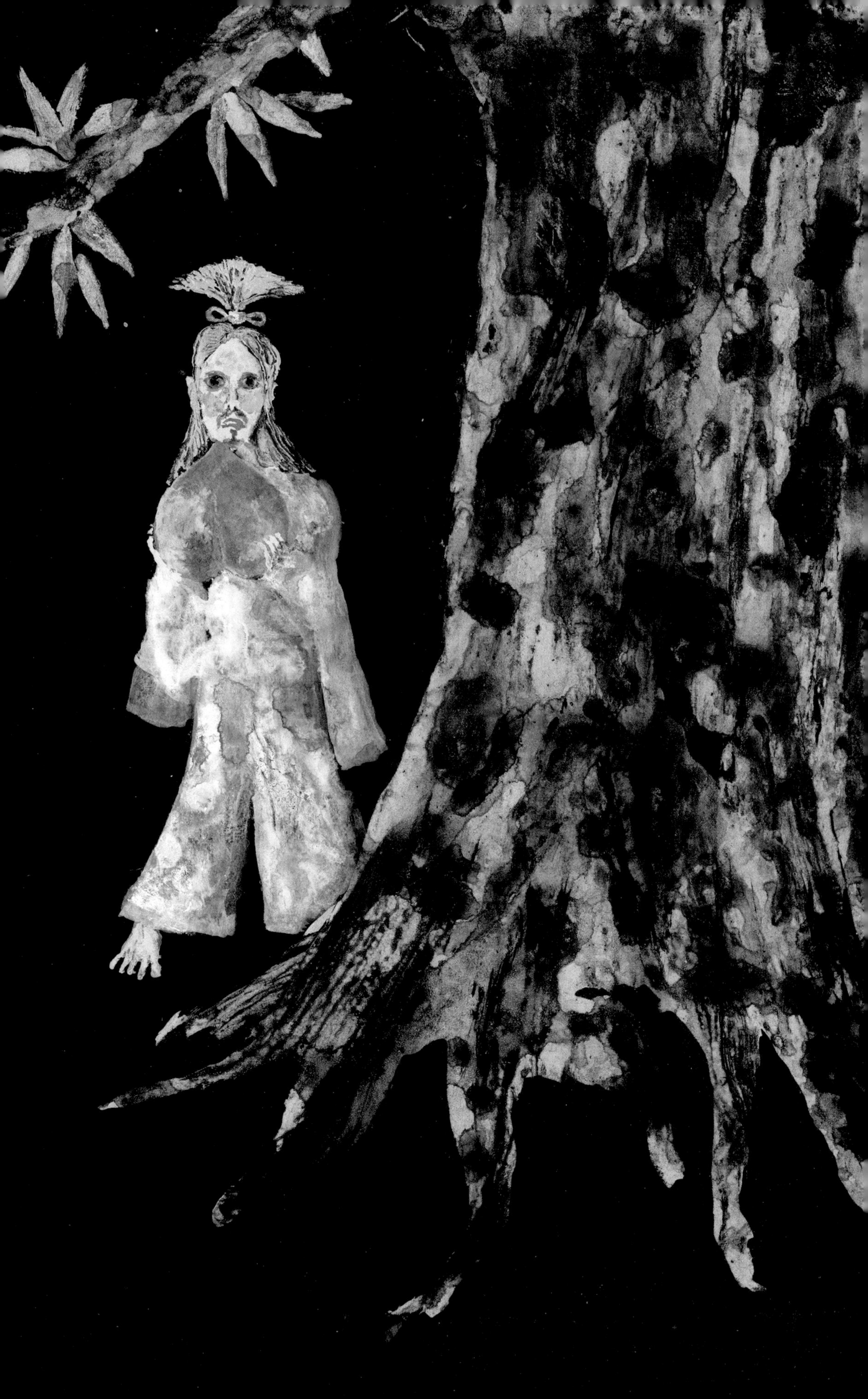

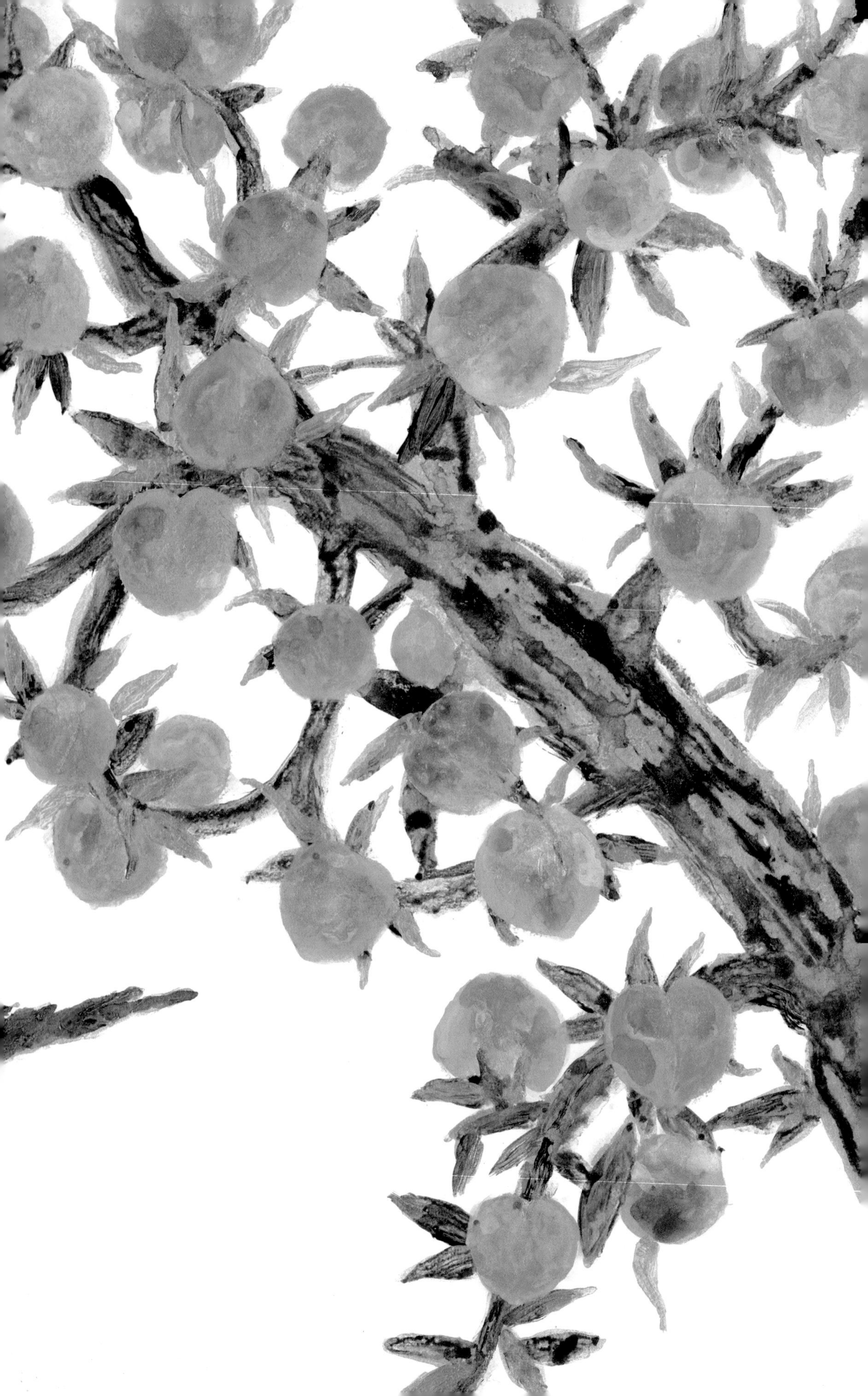

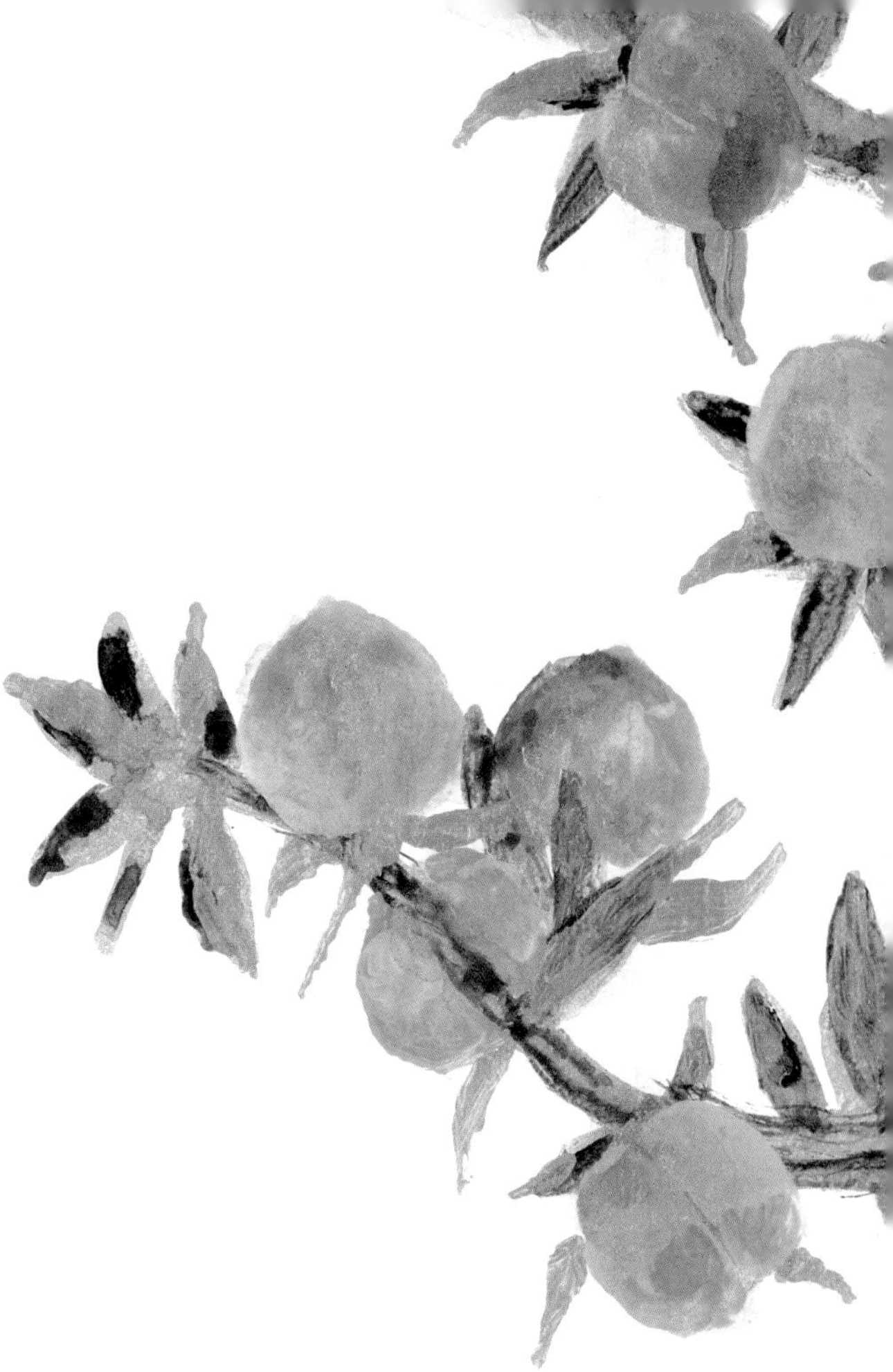

一万年《いちまんねん》に一度《いちど》結《むす》んだ実《み》は一千年《いっせんねん》の間《あいだ》は地《ち》へ落《お》ちない。
しかしある寂《さび》しい朝《あさ》、運命《うんめい》は一羽《いちわ》の八咫鴉《やたがらす》になり、
さっとその枝《えだ》へおろして来《き》た。
と思《おも》うともう赤《あか》みのさした、小《ちい》さい実《み》を一《ひと》つ啄《ついば》み落《おと》した。
実《み》は雲霧《くもきり》の立《た》ち昇《のぼ》る中《なか》に遥《はる》か下《した》の谷川《たにがわ》へ落《お》ちた。

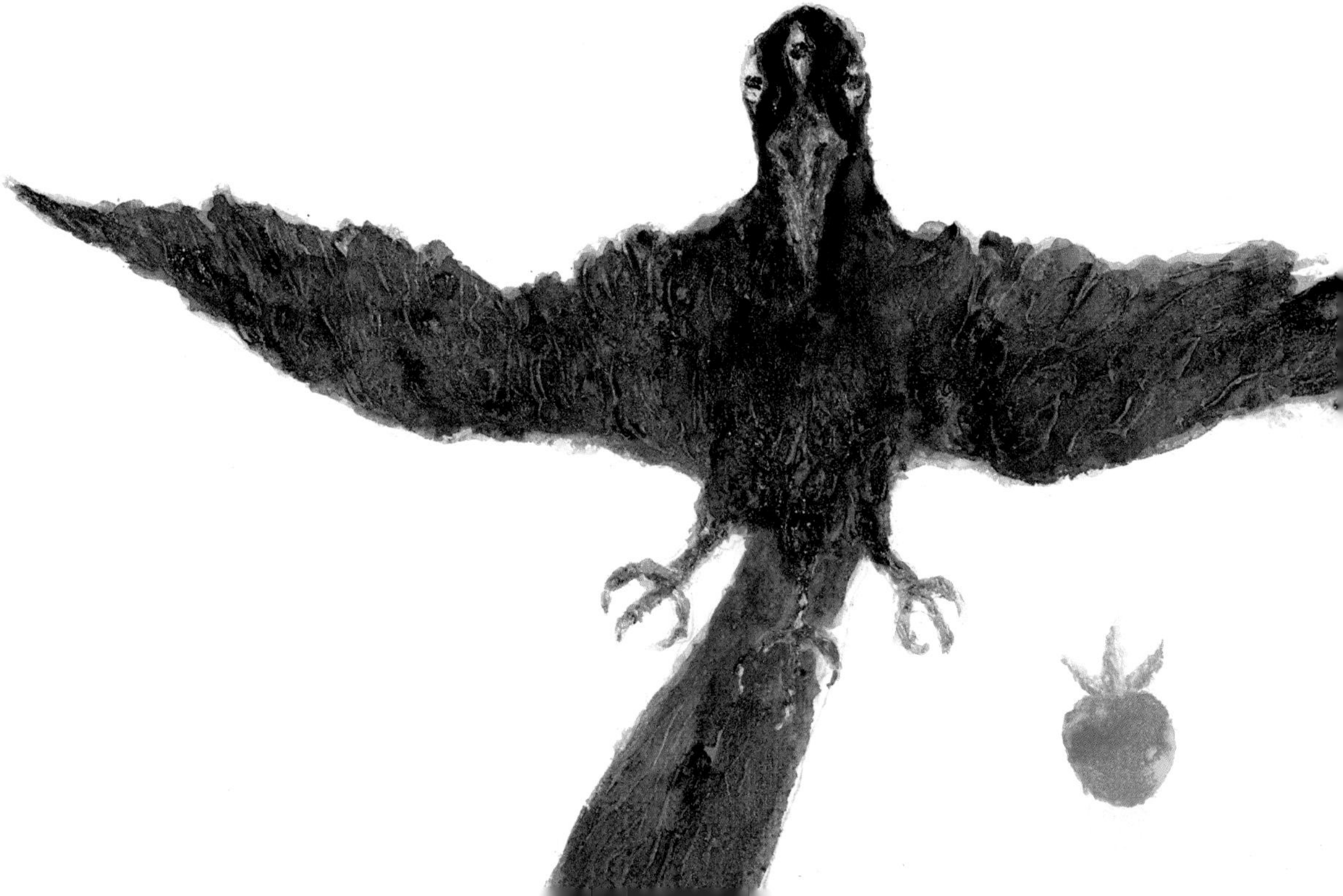

この赤児《あかご》を孕《はら》んだ実《み》は深《ふか》い山《やま》の奥《おく》を離《はな》れた後《のち》、
どういう人《ひと》の手《て》に拾《ひろ》われたか？
——それはいまさら話《はな》すまでもあるまい。
谷川《たにがわ》の末《すえ》にはお婆《ばあ》さんが一人《ひとり》、
日本中《にほんじゅう》の子供《こども》の知《し》っている通《とお》り、
柴刈《しばか》りに行《い》ったお爺《じい》さんの着物《きもの》か何《なに》かを
洗《あら》っていたのである。

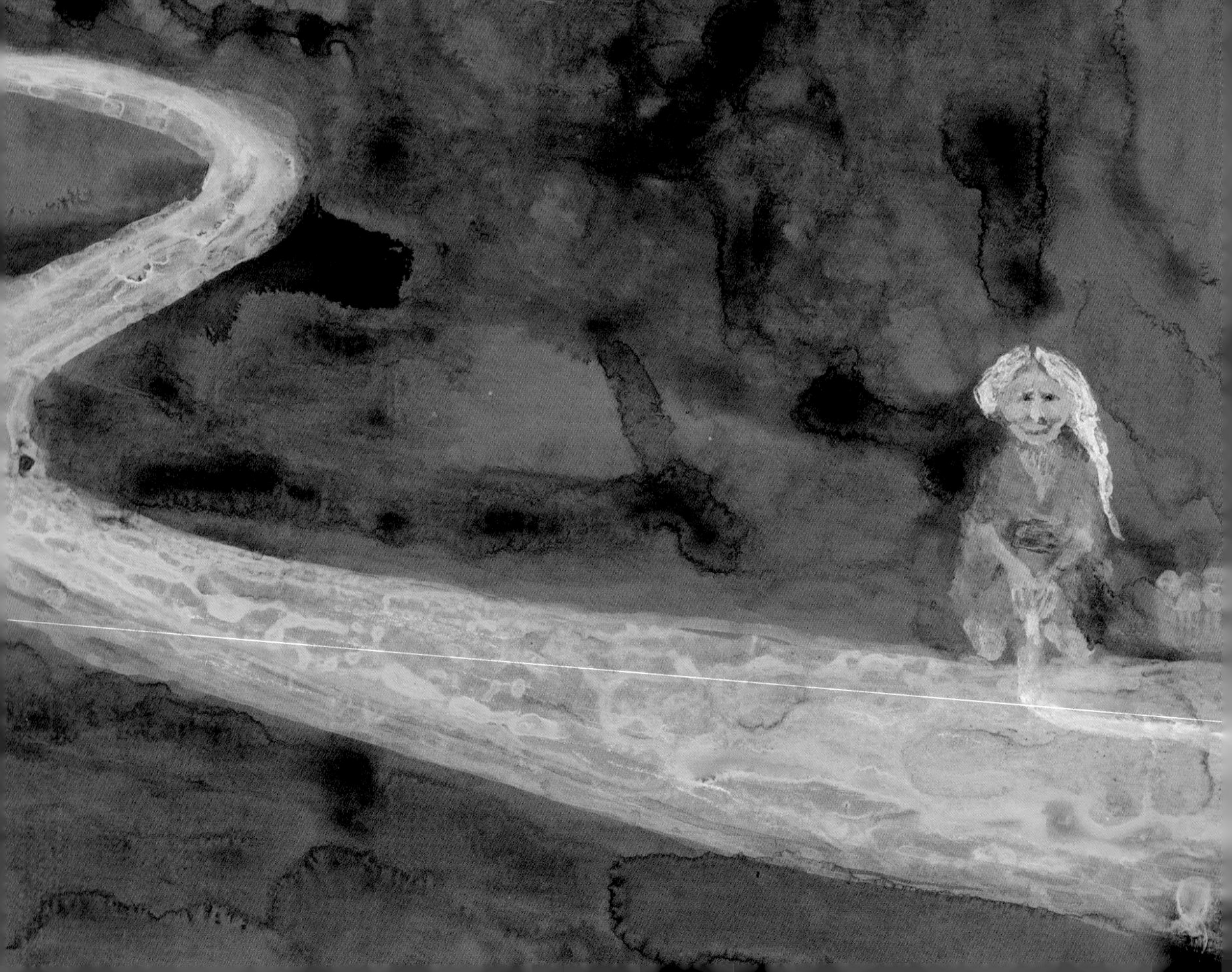

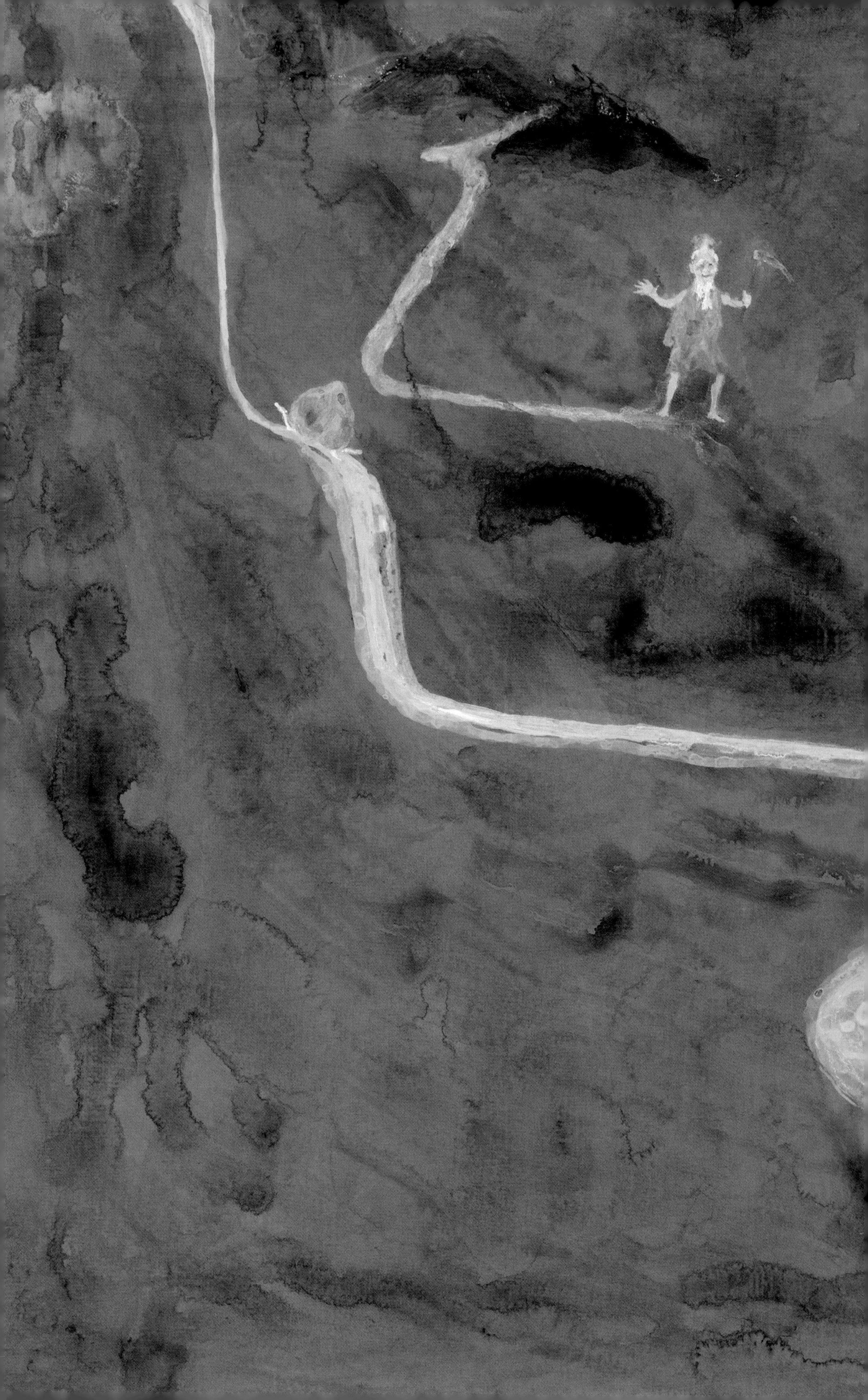

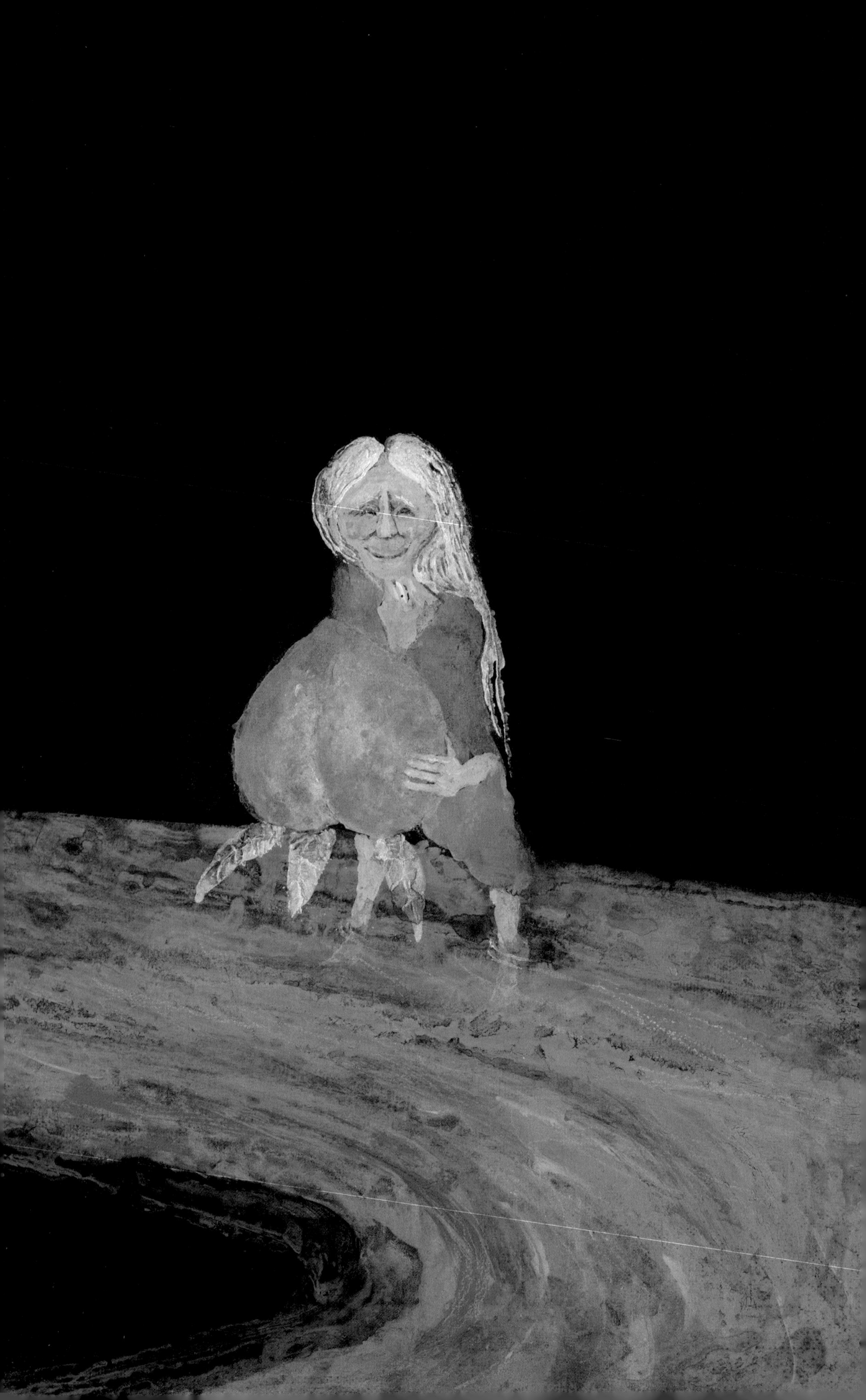

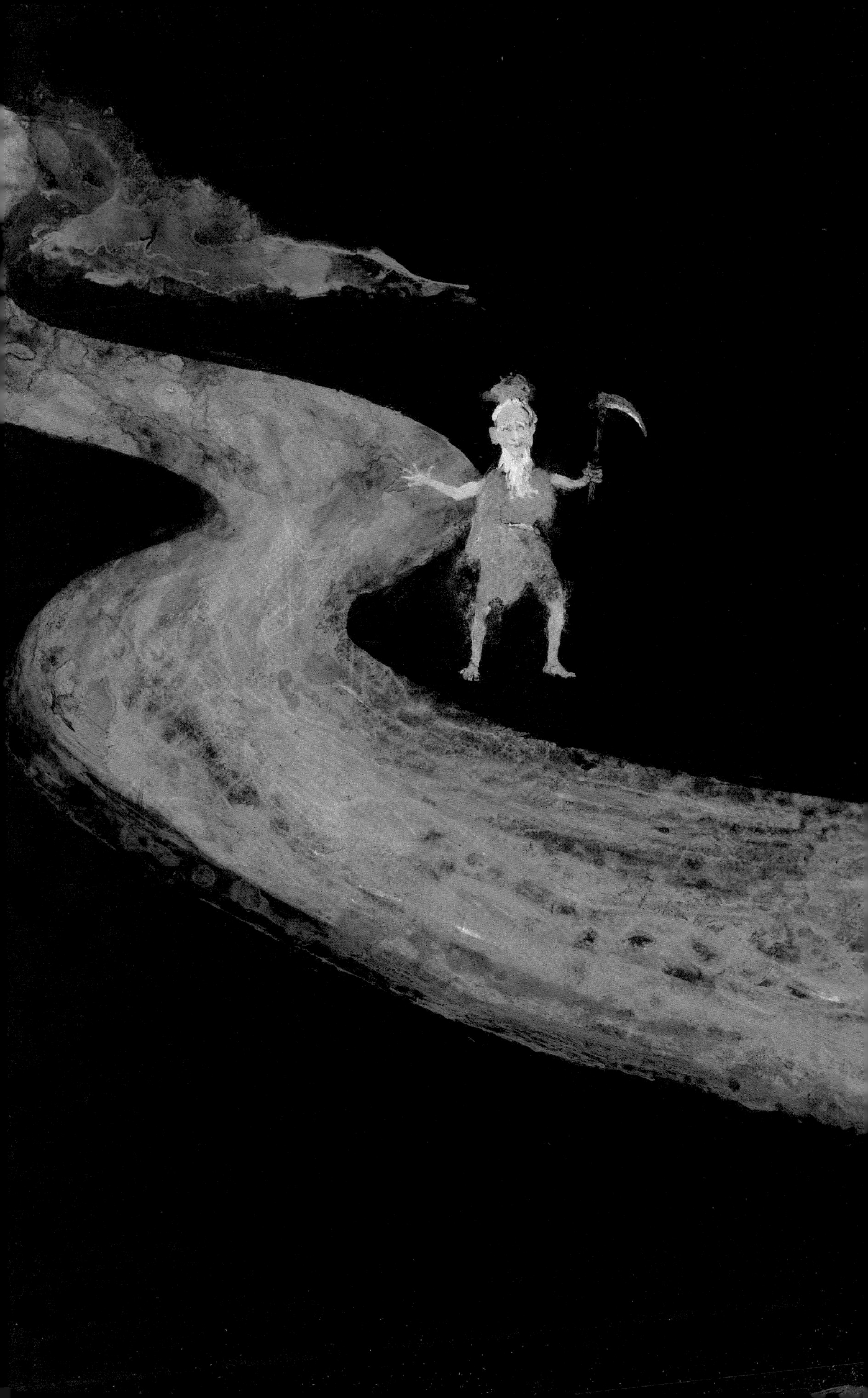

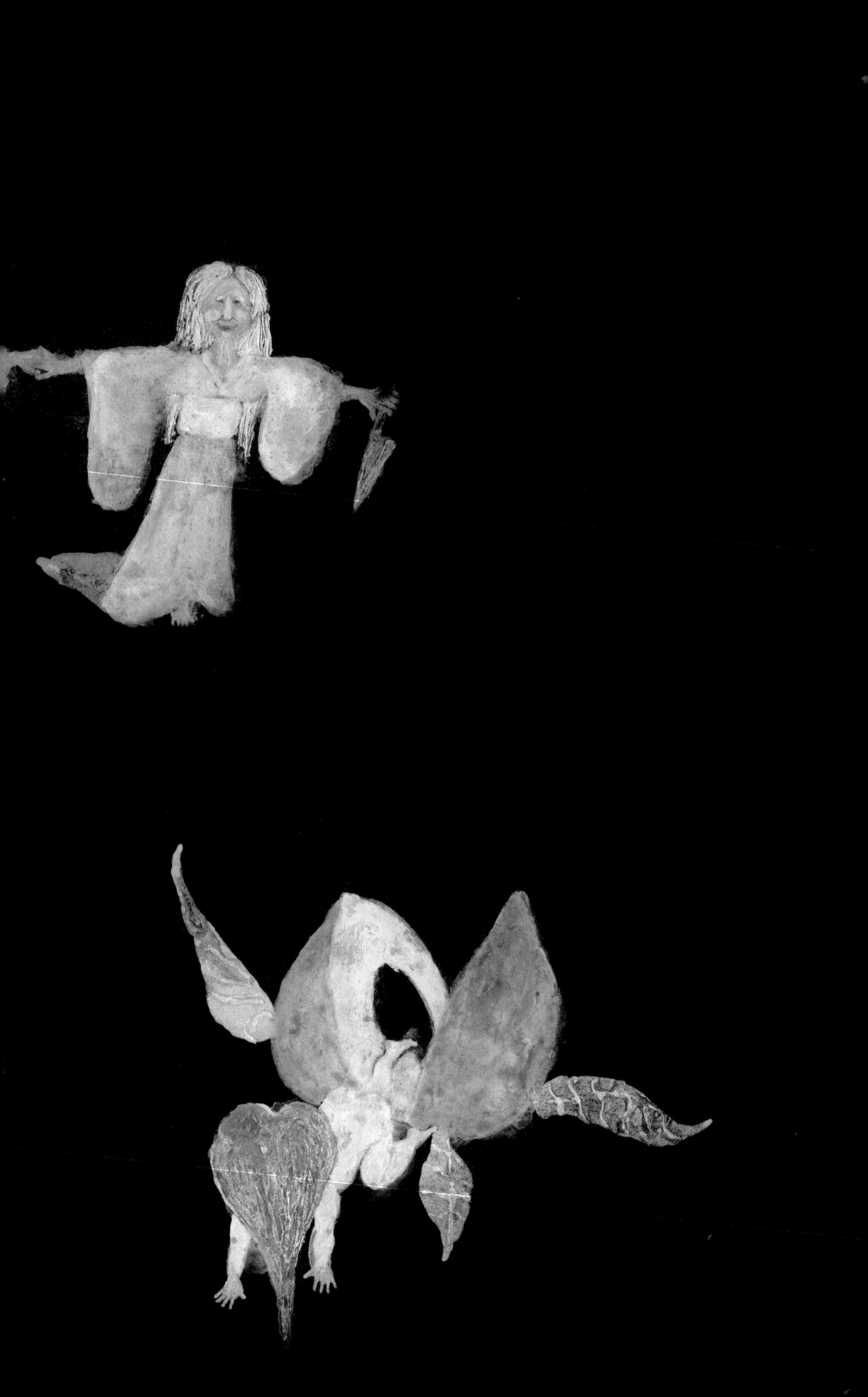

桃《もも》から生《うま》れた桃太郎《ももたろう》は鬼《おに》が島《しま》の征伐《せいばつ》を思《おも》い立《た》った。

思《おも》い立《た》った訣《わけ》はなぜかというと、彼《かれ》はお爺《じい》さんやお婆《ばあ》さんのように、

山《やま》だの川《かわ》だの畑《はたけ》だのへ仕事《しごと》に出《で》るのがいやだったせいである。

その話《はなし》を聞《き》いた老人夫婦《ろうじんふうふ》は内心《ないしん》この腕白《わんぱく》ものに

愛想《あいそ》をつかしていた時《とき》だったから、

一刻《いっこく》も早《はや》く追《お》い出《だ》したさに旗《はた》とか太刀《たち》とか陣羽織《じんばおり》とか、

出陣《しゅつじん》の支度《したく》に入用《にゅうよう》のものは云《い》うなり次第《しだい》に持《も》たせることにした。

のみならず途中《とちゅう》の兵糧《ひょうろう》には、これも桃太郎《ももたろう》の註文通《ちゅうもんどお》り、

黍団子《きびだんご》さえこしらえてやったのである。

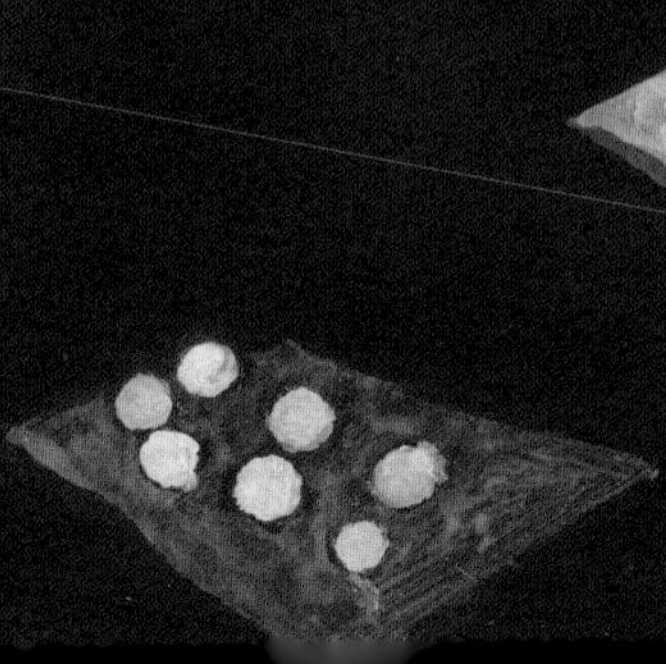

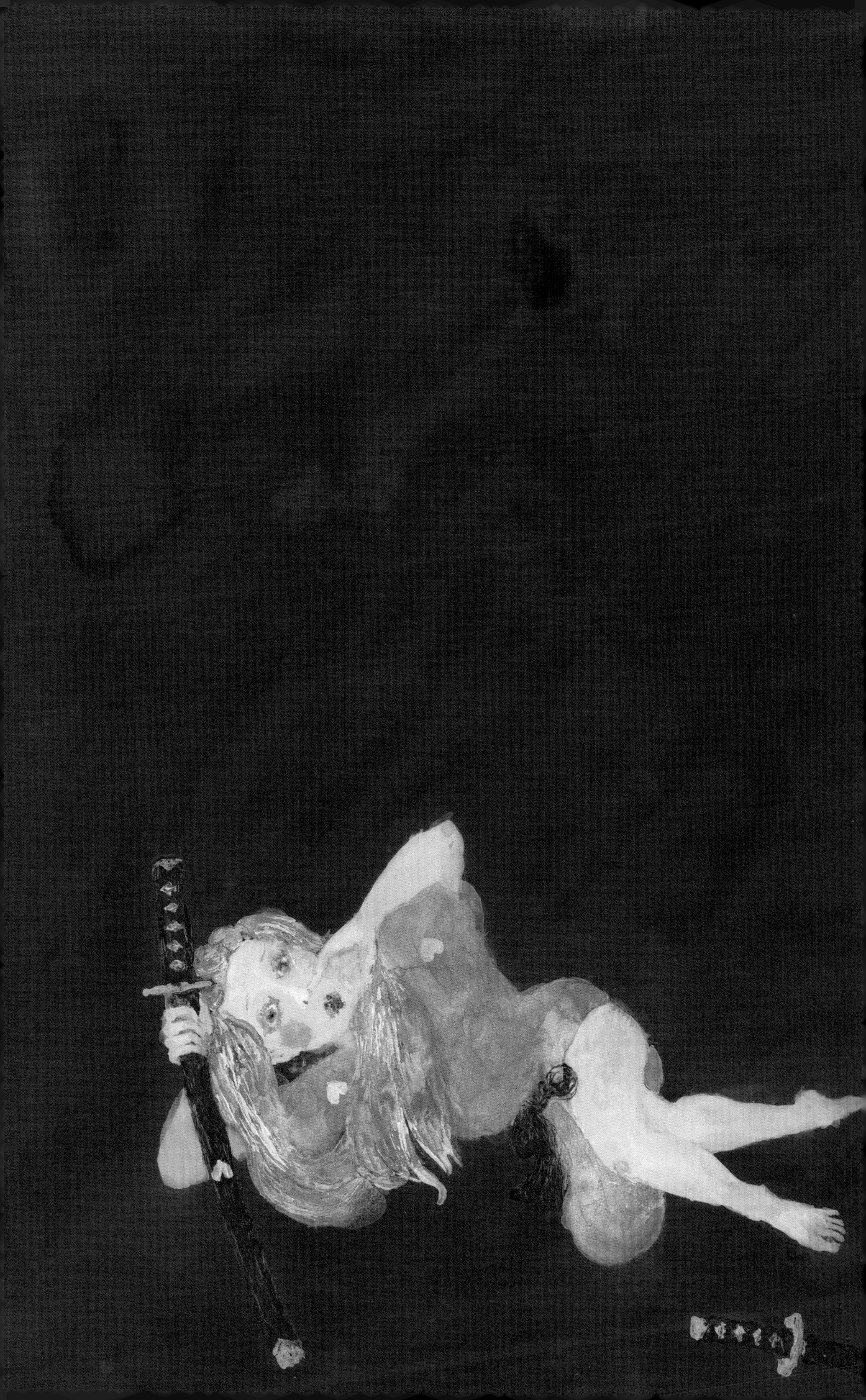

桃太郎《ももたろう》は意気揚々《いきようよう》と
鬼《おに》が島征伐《しませいばつ》の途《と》に上《のぼ》った。
すると大《おお》きい野良犬《のらいぬ》が一匹《いっぴき》、
饑《う》えた眼《め》を光《ひか》らせながら、
こう桃太郎《ももたろう》へ声《こえ》をかけた。
「桃太郎《ももたろう》さん。桃太郎《ももたろう》さん。
お腰《こし》に下《さ》げたのは何《なん》でございます？」
「これは日本一《にっぽんいち》の黍団子《きびだんご》だ。」
桃太郎《ももたろう》は得意《とくい》そうに返事《へんじ》をした。
勿論実際《もちろんじっさい》は日本一《にっぽんいち》かどうか、
そんなことは彼《かれ》にも怪《あや》しかったのである。
けれども犬《いぬ》は黍団子《きびだんご》と聞《き》くと、
たちまち彼《かれ》の側《そば》へ歩《あゆ》み寄《よ》った。

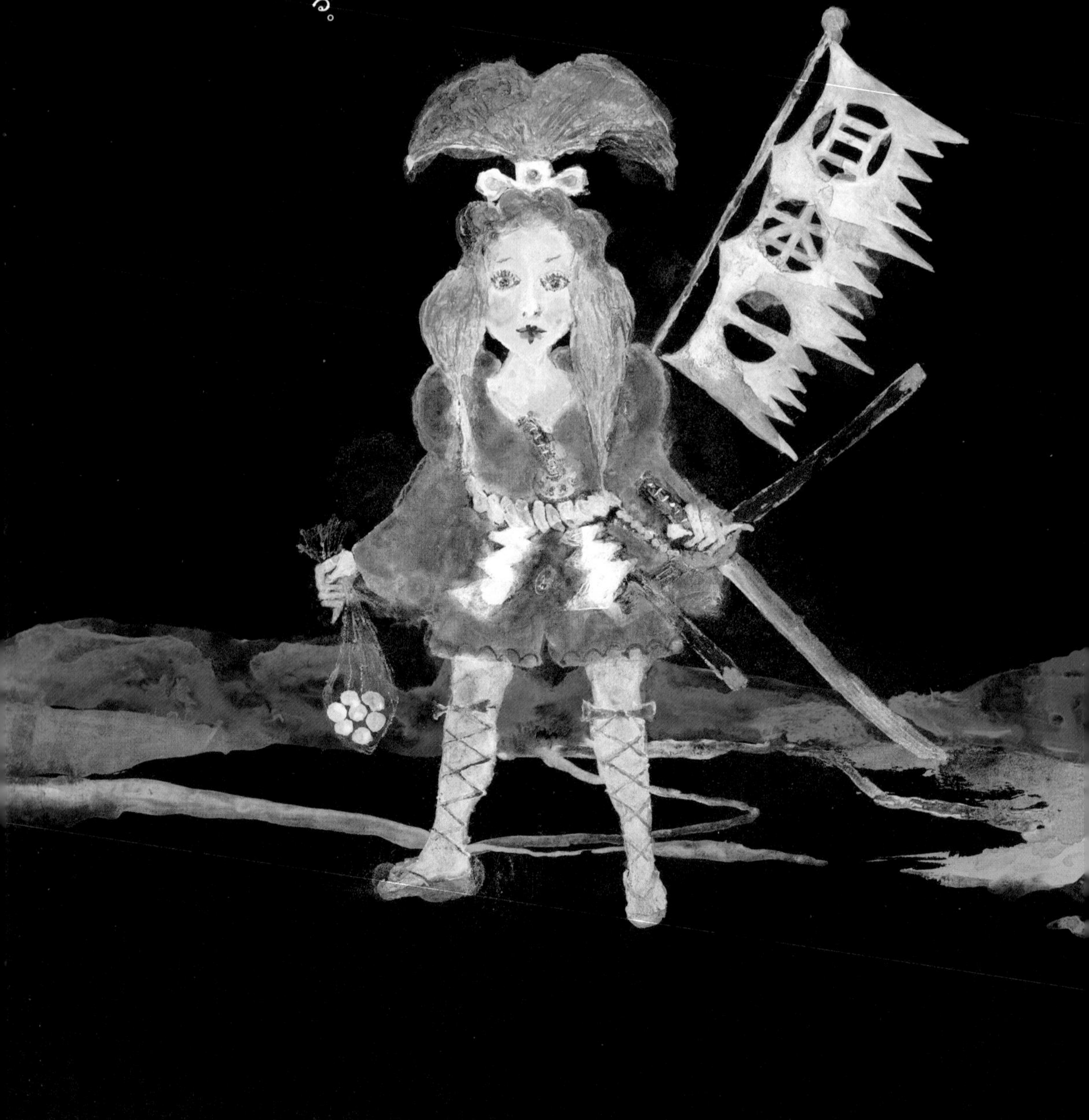

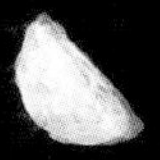

「一《ひと》つ下《くだ》さい。お伴《とも》しましょう。」
桃太郎《ももたろう》は咄嗟《とっさ》に算盤《そろばん》を取《と》った。
「一《ひと》つはやられぬ。半分《はんぶん》やろう。」
犬《いぬ》はしばらく強情《ごうじょう》に、
「一《ひと》つ下《くだ》さい」を繰《く》り返《かえ》した。
しかし桃太郎《ももたろう》は何《なん》といっても
「半分《はんぶん》やろう」を撤回《てっかい》しない。
こうなればあらゆる商売《しょうばい》のように、
所詮《しょせん》持《も》たぬものは持《も》ったものの意志《いし》に
服従《ふくじゅう》するばかりである。
犬《いぬ》もとうとう嘆息《たんそく》しながら、
黍団子《きびだんご》を半分《はんぶん》貰《もら》う代《かわ》りに、
桃太郎《ももたろう》の伴《とも》をすることになった。

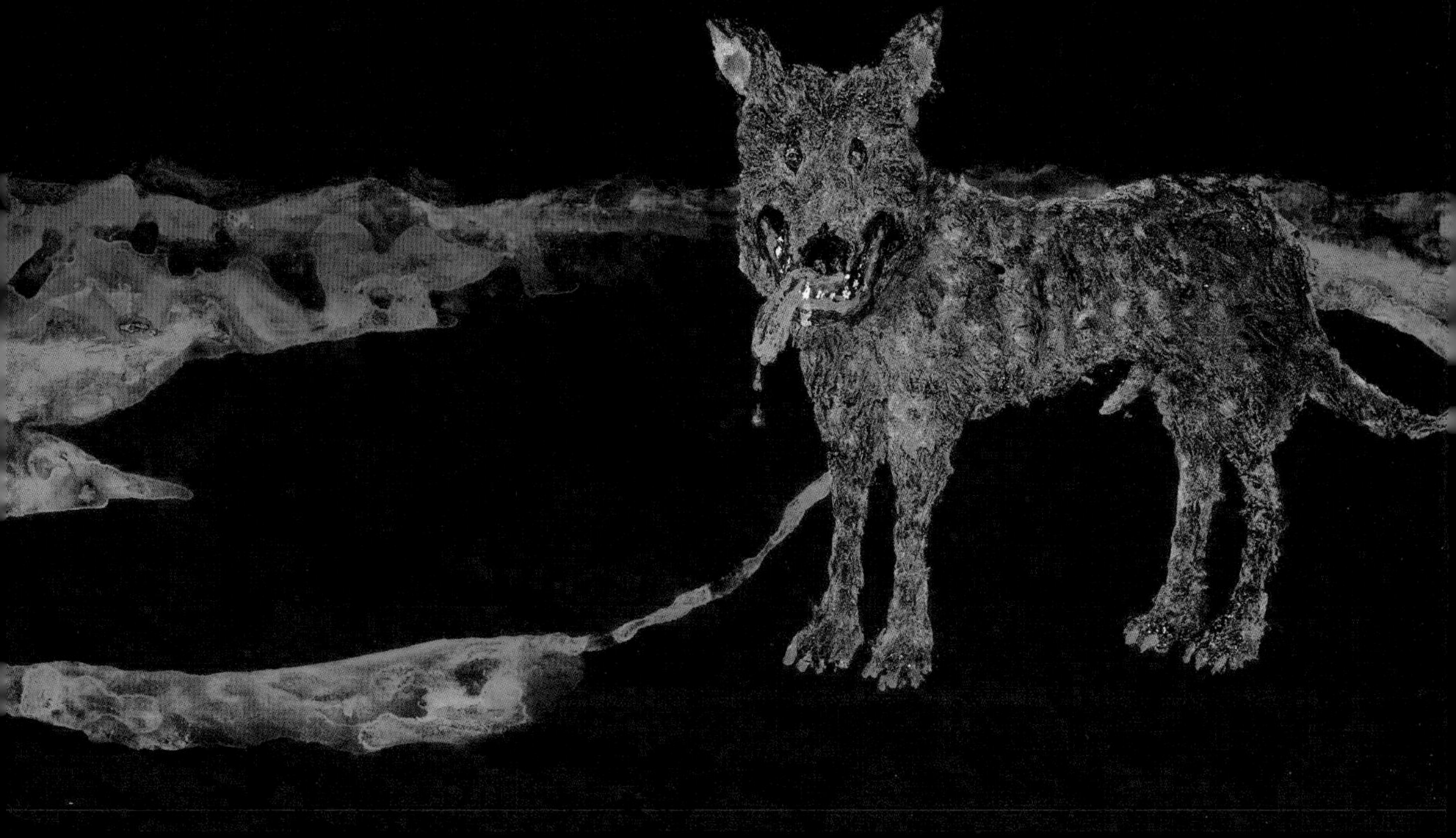

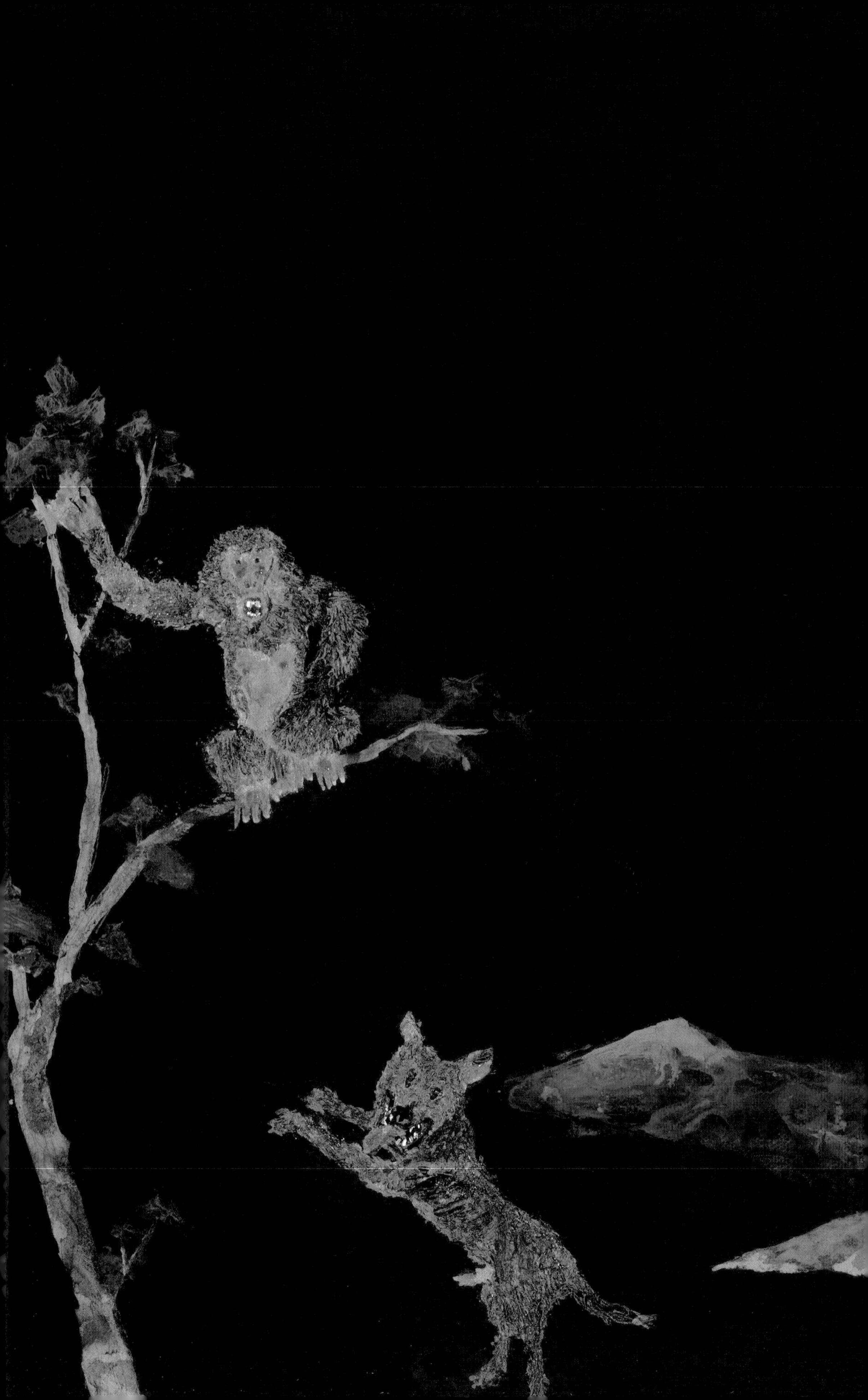

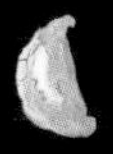

桃太郎《ももたろう》はその後《のち》犬《いぬ》のほかにも、
やはり黍団子《きびだんご》の半分《はんぶん》を餌食《えじき》に、猿《さる》や雉《きじ》を家来《けらい》にした。
しかし彼等《かれら》は残念《ざんねん》ながら、あまり仲《なか》の好《い》い間《あいだ》がらではない。
丈夫《じょうぶ》な牙《きば》を持《も》った犬《いぬ》は意気地《いくじ》のない猿《さる》を莫迦《ばか》にする。
黍団子《きびだんご》の勘定《かんじょう》に素早《すばや》い猿《さる》はもっともらしい雉《きじ》を莫迦《ばか》にする。
地震学《じしんがく》などにも通《つう》じた雉《きじ》は頭《あたま》の鈍《にぶ》い犬《いぬ》を莫迦《ばか》にする。
――こういういがみ合《あ》いを続《つづ》けていたから、
桃太郎《ももたろう》は彼等《かれら》を家来《けらい》にした後《のち》も、
一通《ひととお》り骨《ほね》の折《お》れることではなかった。
その上《うえ》猿《さる》は腹《はら》が張《は》ると、たちまち不服《ふふく》を唱《とな》え出《だ》した。
どうも黍団子《きびだんご》の半分《はんぶん》くらいでは、
鬼《おに》が島《しま》征伐《せいばつ》の伴《とも》をするのも
考《かんが》え物《もの》だといい出《だ》したのである。

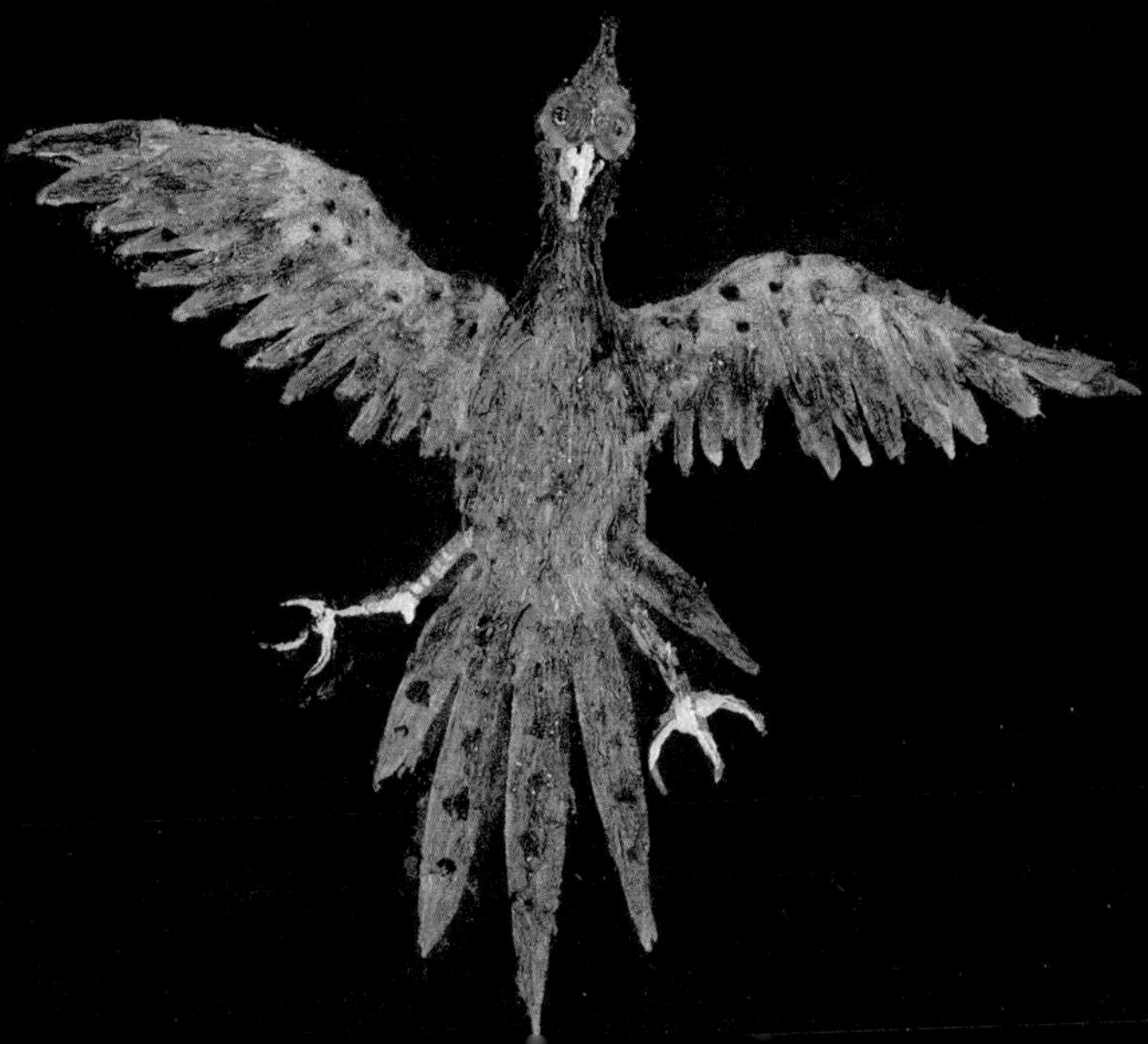

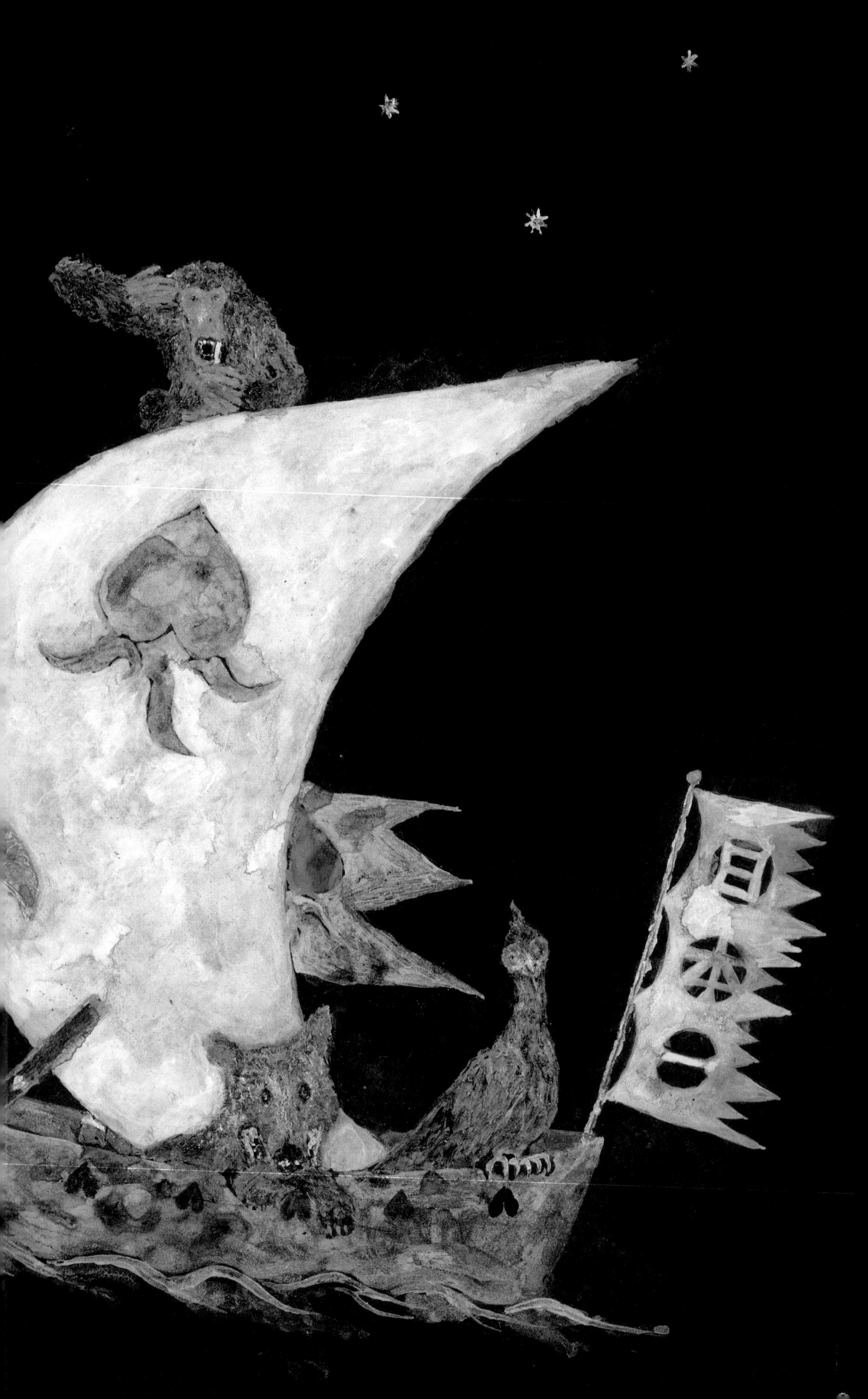

その猿《さる》をとうとう得心《とくしん》させたのは
確《たし》かに桃太郎《ももたろう》の手腕《しゅわん》である。
桃太郎《ももたろう》は猿《さる》を見上《みあ》げたまま、
日《ひ》の丸《まる》の扇《おうぎ》を使《つか》い使《つか》いわざと冷《ひや》やかにいい放《はな》した。
「よしよし、では伴《とも》をするな。その代《かわ》り鬼《おに》が島《しま》を征伐《せいばつ》しても
宝物《たからもの》は一《ひと》つも分《わ》けてやらないぞ。」
欲《よく》の深《ふか》い猿《さる》は円《まる》い眼《め》をした。
「宝物《たからもの》？　へええ、鬼《おに》が島《しま》には宝物《たからもの》があるのですか？」
「あるどころではない。何《なん》でも好《す》きなものの振《ふ》り出《だ》せる
打出《うちで》の小槌《こづち》という宝物《たからもの》さえある。」
「ではその打出《うちで》の小槌《こづち》から、幾《いく》つもまた打出《うちで》の小槌《こづち》を振《ふ》り出《だ》せば、
一度《いちど》に何《なん》でも手《て》にはいる訣《わけ》ですね。それは耳《みみ》よりな話《はなし》です。
どうかわたしもつれて行《い》って下《くだ》さい。」
桃太郎《ももたろう》はもう一度《いちど》彼等《かれら》を伴《とも》に、鬼《おに》が島《しま》征伐《せいばつ》の途《みち》を急《いそ》いだ。

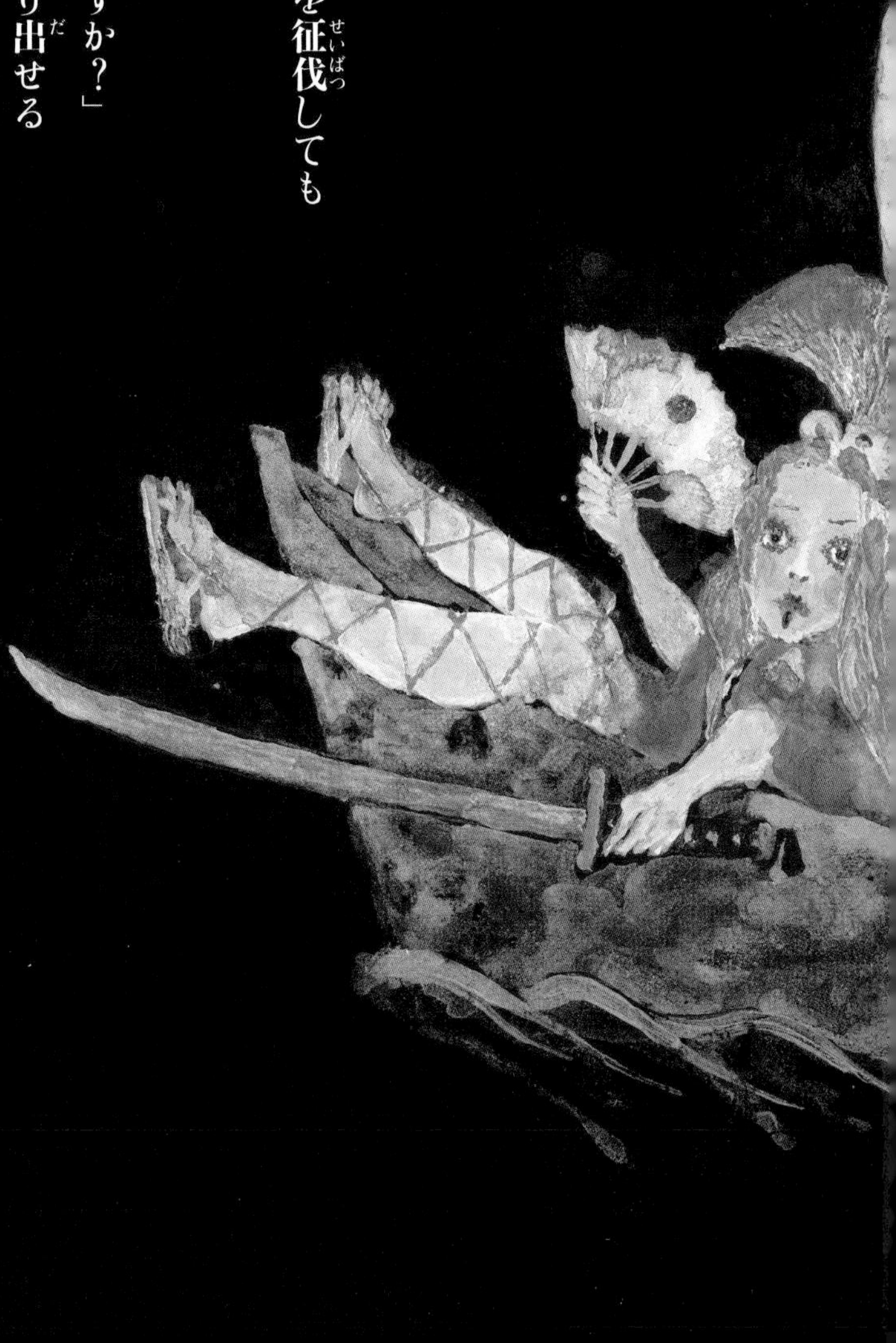

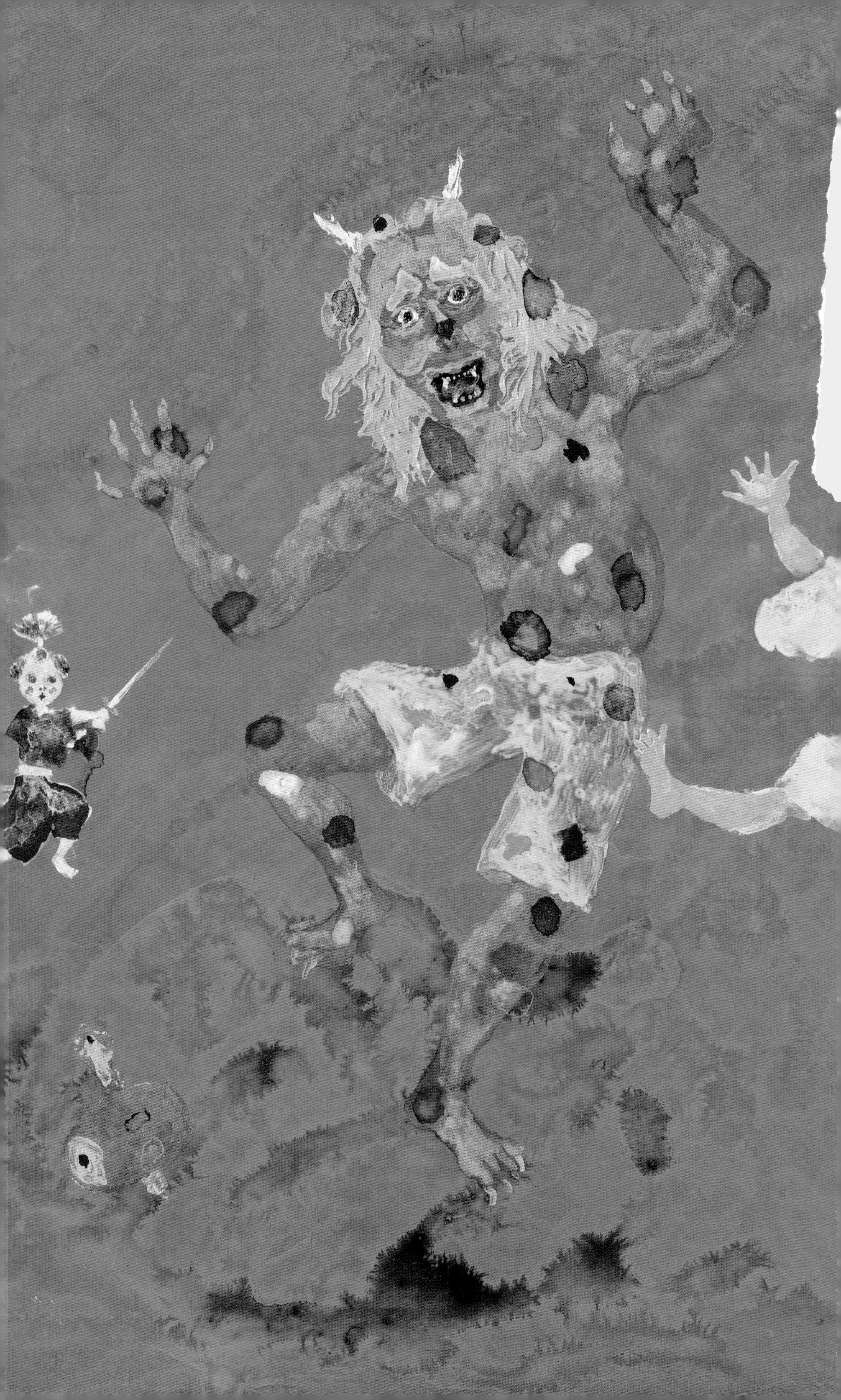

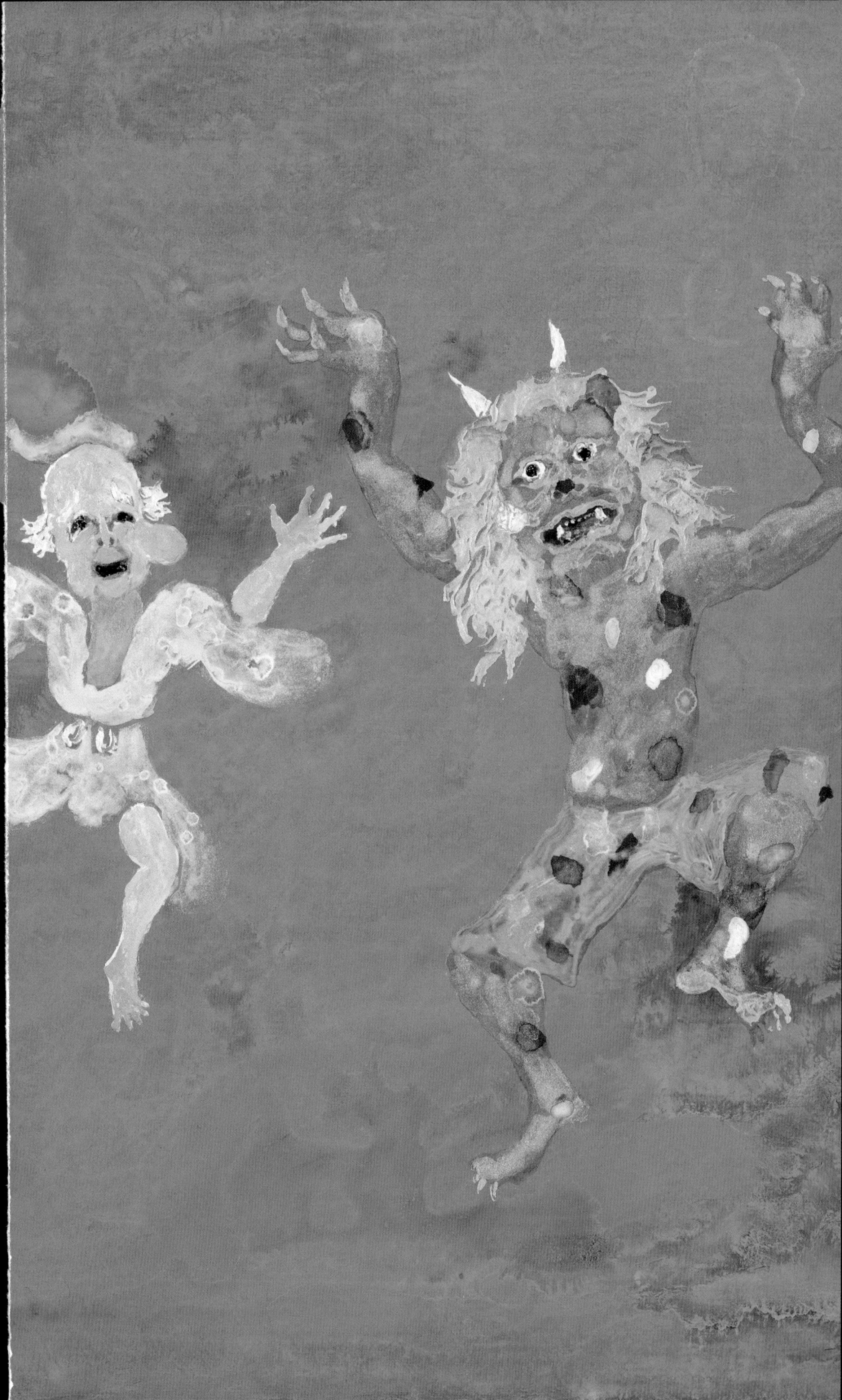

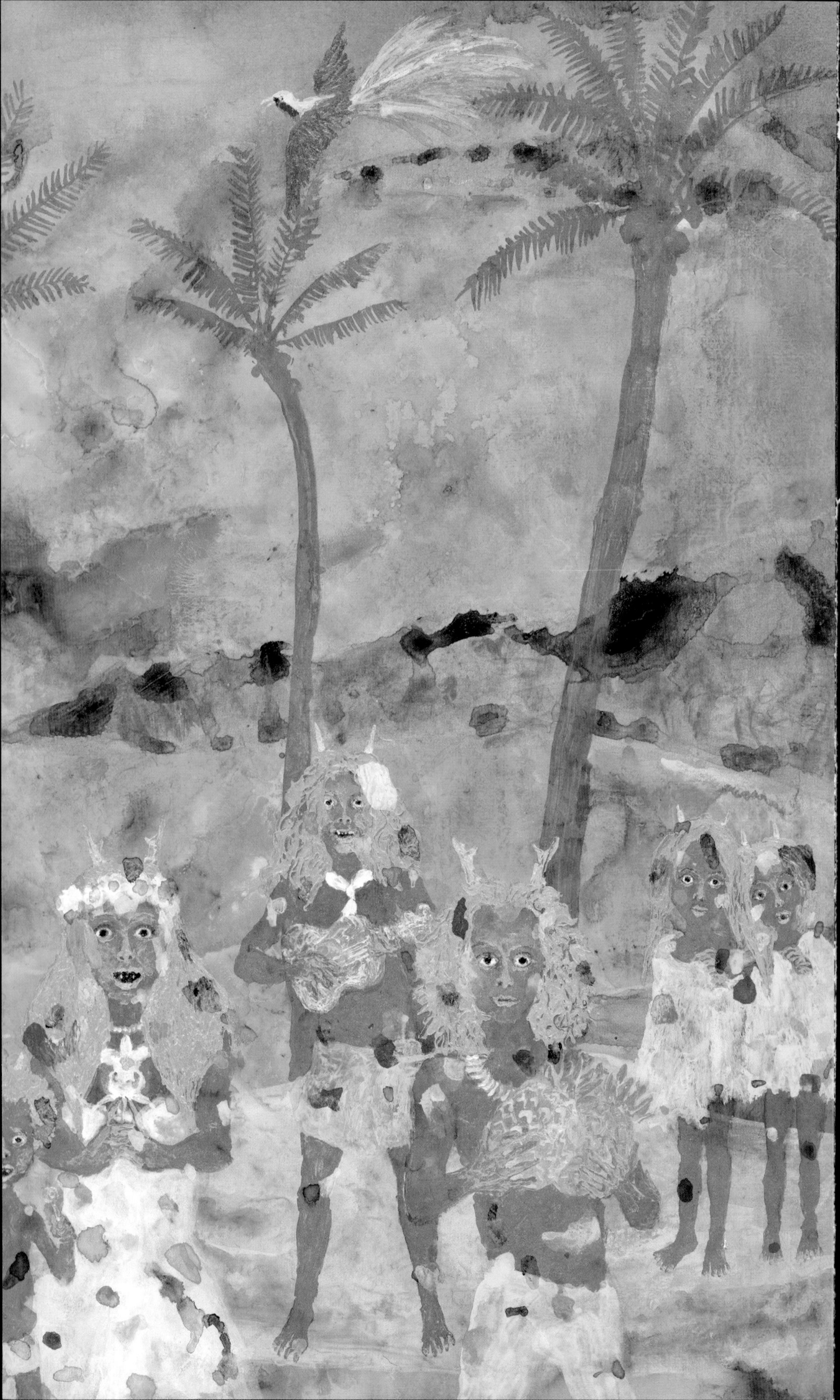

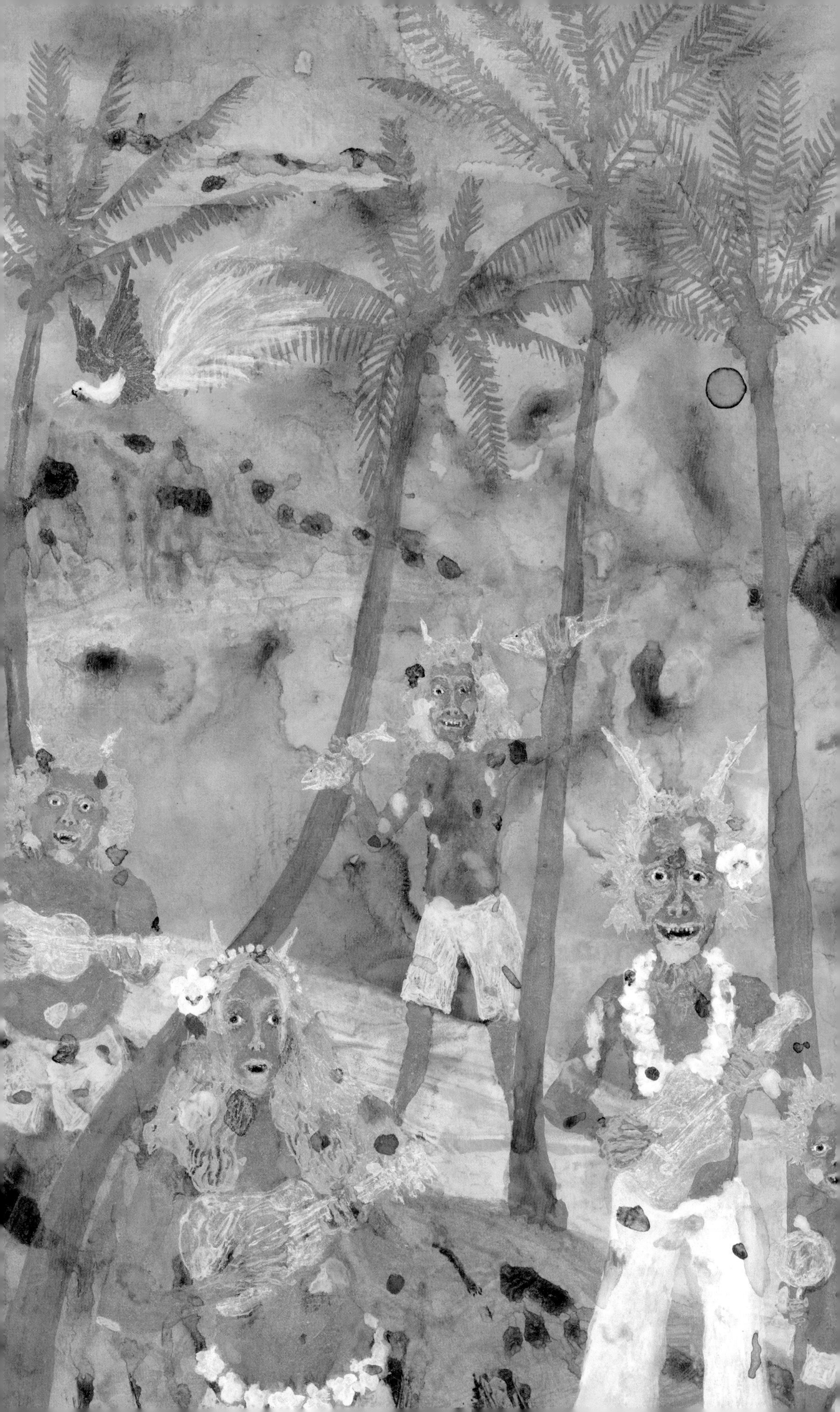

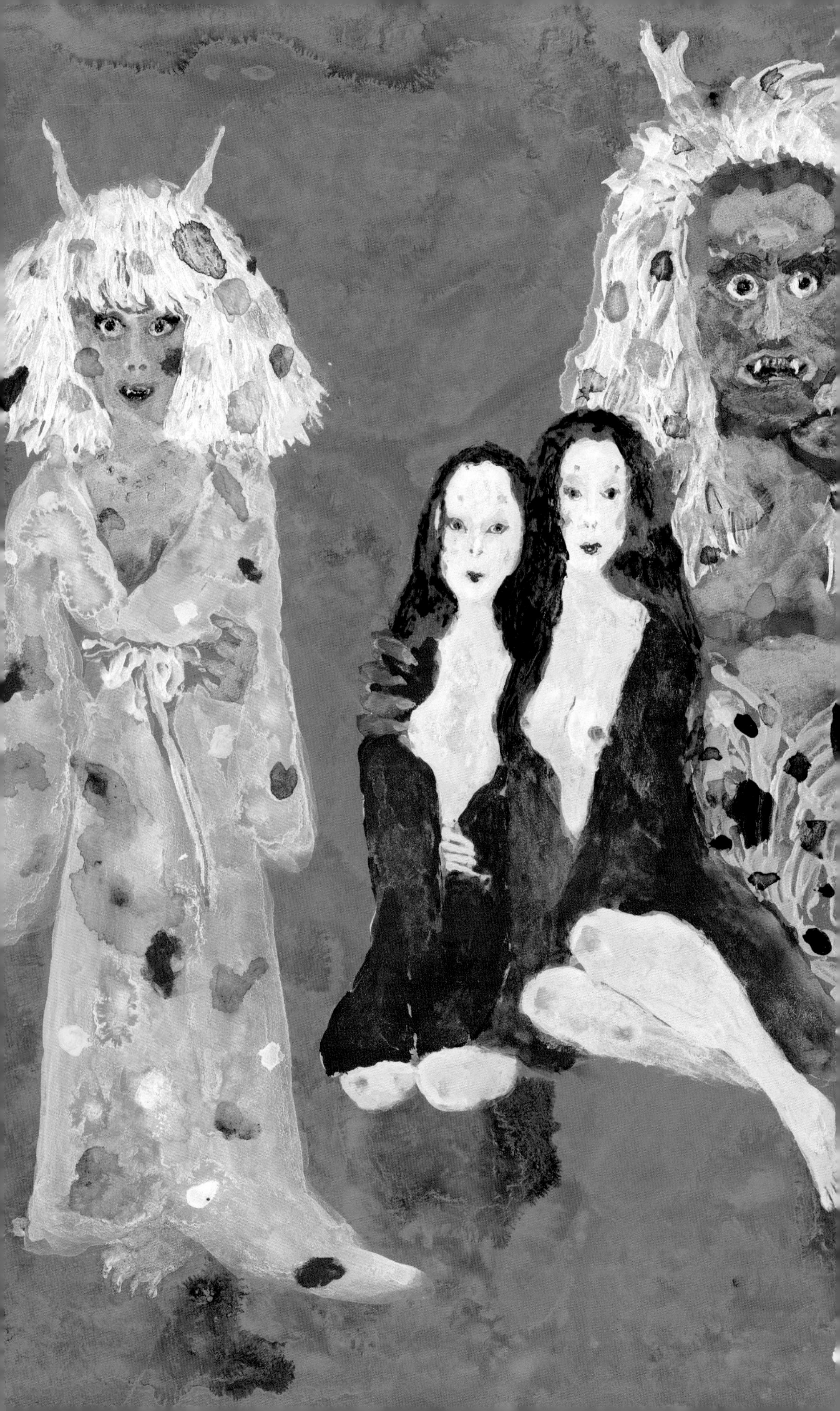

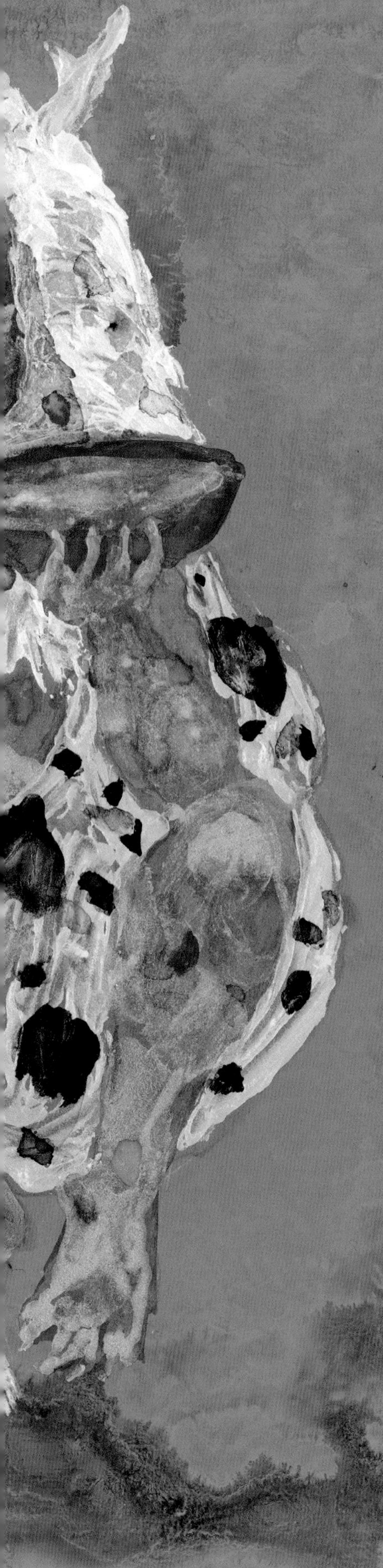

鬼《おに》が島《しま》は絶海《ぜっかい》の孤島《ことう》だった。
が、世間《せけん》の思《おも》っているように
岩山《いわやま》ばかりだった訣《わけ》ではない。
実《じつ》は椰子《やし》の聳《そび》えたり、
極楽鳥《ごくらくちょう》の囀《さえず》ったりする、
美《うつく》しい天然《てんねん》の楽土《らくど》だった。
こういう楽土《らくど》に生《せい》を享《う》けた鬼《おに》は
勿論《もちろん》平和《へいわ》を愛《あい》していた。

いや、鬼《おに》というものは元来《がんらい》
我々《われわれ》人間《にんげん》よりも享楽的《きょうらくてき》に出来《でき》上《あが》った種族《しゅぞく》らしい。
瘤取《こぶと》りの話《はなし》に出《で》て来《く》る鬼《おに》は一晩中《ひとばんじゅう》踊《おど》りを踊《おど》っている。
一寸法師《いっすんぼうし》の話《はなし》に出《で》てくる鬼《おに》も一身《いっしん》の危険《きけん》を顧《かえり》みず、
物詣《ものもう》での姫君《ひめぎみ》に見《み》とれていたらしい。

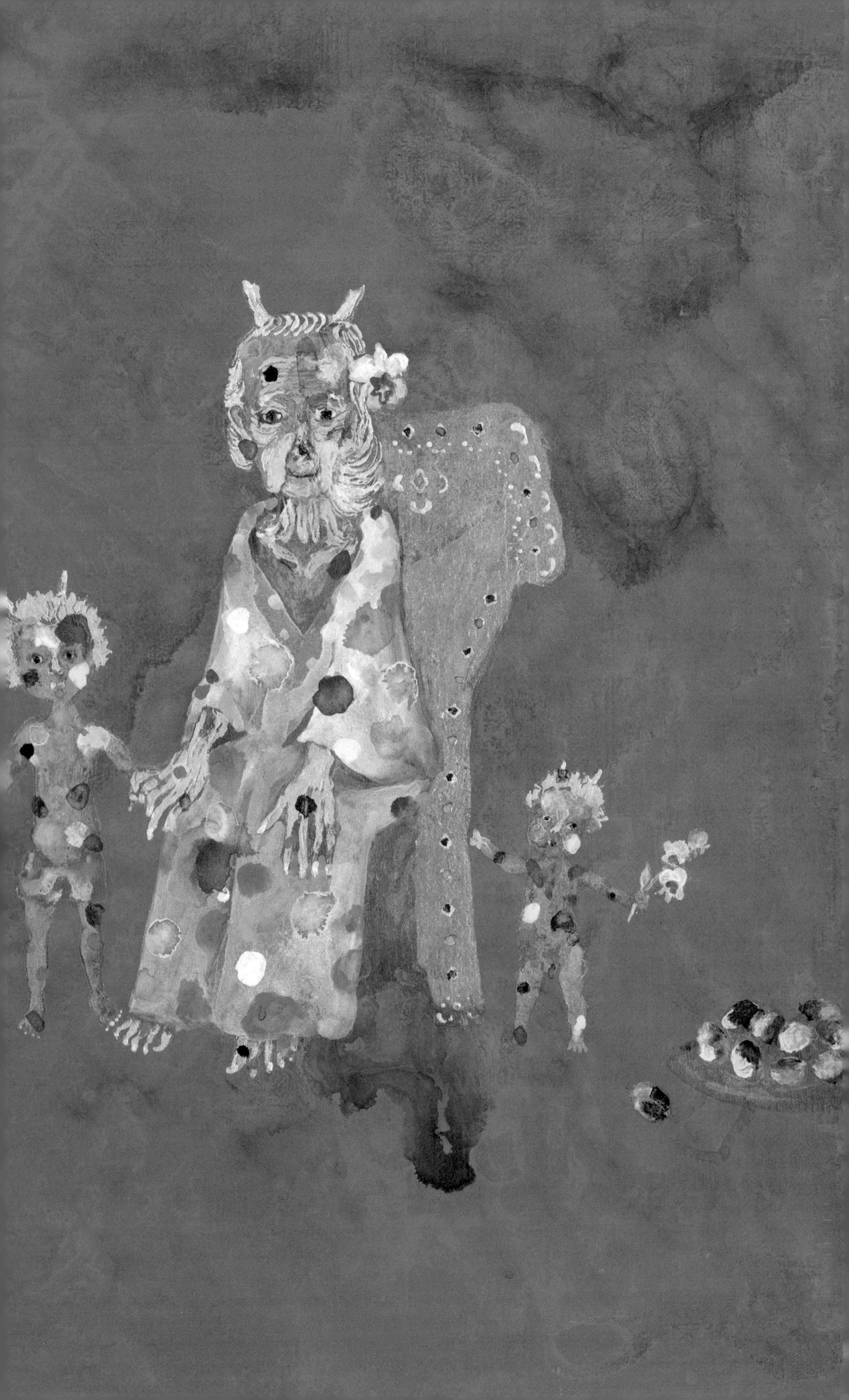

鬼《おに》は熱帯的《ねったいてき》風景《ふうけい》の中《うち》に琴《こと》を弾《ひ》いたり踊《おど》りを踊《おど》ったり、
古代《こだい》の詩人《しじん》の詩《し》を歌《うた》ったり、頗《すこぶ》る安穏《あんのん》に暮《く》らしていた。
そのまた鬼《おに》の妻《つま》や娘《むすめ》も機《はた》を織《お》ったり、酒《さけ》を醸《かも》したり、
蘭《らん》の花束《はなたば》を拵《こしら》えたり、我々《われわれ》人間《にんげん》の妻《つま》や娘《むすめ》と少《すこ》しも変《かわ》らずに暮《く》らしていた。
殊《こと》にもう髪《かみ》の白《しろ》い、牙《きば》の脱《ぬ》けた鬼《おに》の母《はは》はいつも孫《まご》の守《も》りをしながら、
我々《われわれ》人間《にんげん》の恐《おそ》ろしさを話《はな》して聞《き》かせなどしていたものである。

「お前《まえ》たちも悪戯《いたずら》をすると、人間《にんげん》の島《しま》へやってしまうよ。
人間《にんげん》の島《しま》へやられた鬼《おに》はあの昔《むかし》の酒顛童子《しゅてんどうじ》のように、
きっと殺《ころ》されてしまうのだからね。
え、人間《にんげん》というものかい？　人間《にんげん》というものは角《つの》の生《は》えない、
生白《なまじろ》い顔《かお》や手足《てあし》をした、何《なん》ともいわれず気味《きみ》の悪《わる》いものだよ。
男《おとこ》でも女《おんな》でも同《おな》じように、譃《うそ》はいうし、欲《よく》は深《ふか》いし、焼餅《やきもち》は焼《や》くし、
己惚《うぬぼれ》は強《つよ》いし、仲間《なかま》同志《どうし》殺《ころ》し合《あ》うし、火《ひ》はつけるし、泥棒《どろぼう》はするし、
手《て》のつけようのない毛《け》だものなのだよ……」

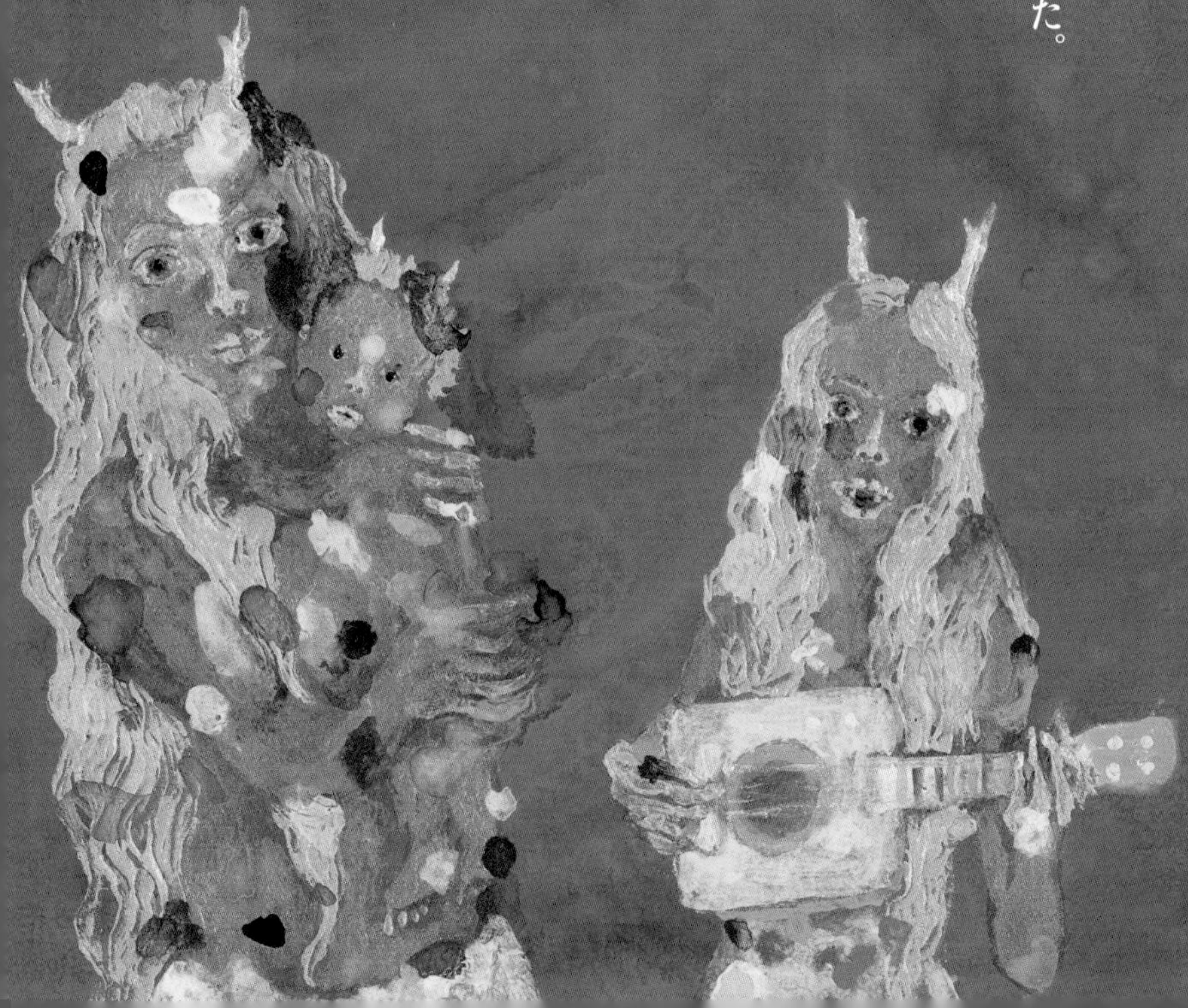

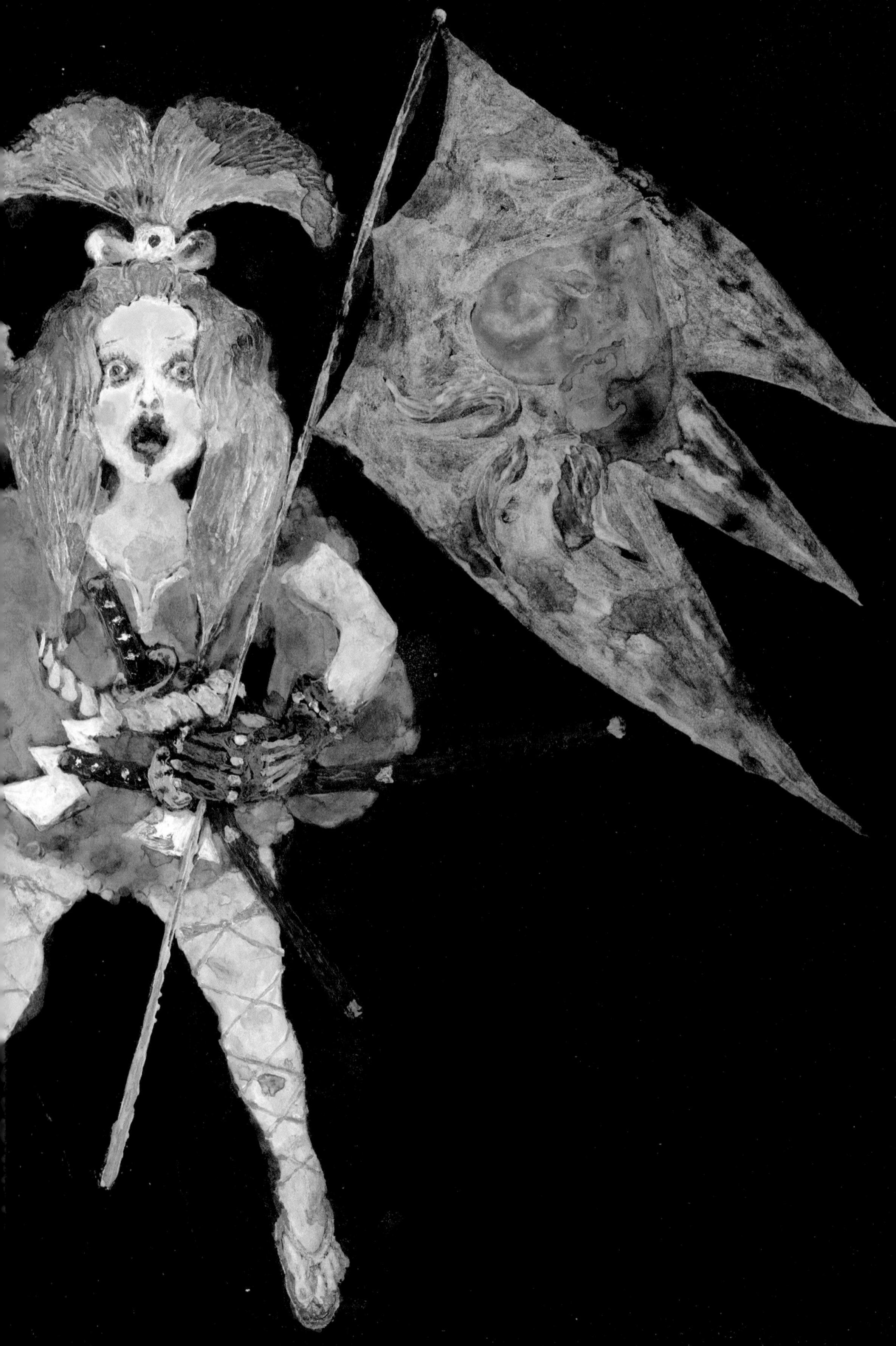

桃太郎《ももたろう》はこういう罪《つみ》のない鬼《おに》に建国以来《けんこくいらい》の恐《おそ》ろしさを与《あた》えた。
鬼《おに》は金棒《かなぼう》を忘《わす》れたなり、「人間《にんげん》が来《き》たぞ」と叫《さけ》びながら、
亭々《ていてい》と聳《そび》えた椰子《やし》の間《あいだ》を右《う》往《おう》左《ざ》往《おう》に逃《に》げ惑《まど》った。
「進《すす》め！　進《すす》め！　鬼《おに》という鬼《おに》は見《み》つけ次第《しだい》、
一匹《いっぴき》も残《のこ》らず殺《ころ》してしまえ！」
桃太郎《ももたろう》は桃《もも》の旗《はた》を片手《かたて》に、
日《ひ》の丸《まる》の扇《おうぎ》を打《う》ち振《ふ》り打《う》ち振《ふ》り、犬猿雉《いぬさるきじ》の三匹《さんびき》に号令《ごうれい》した。

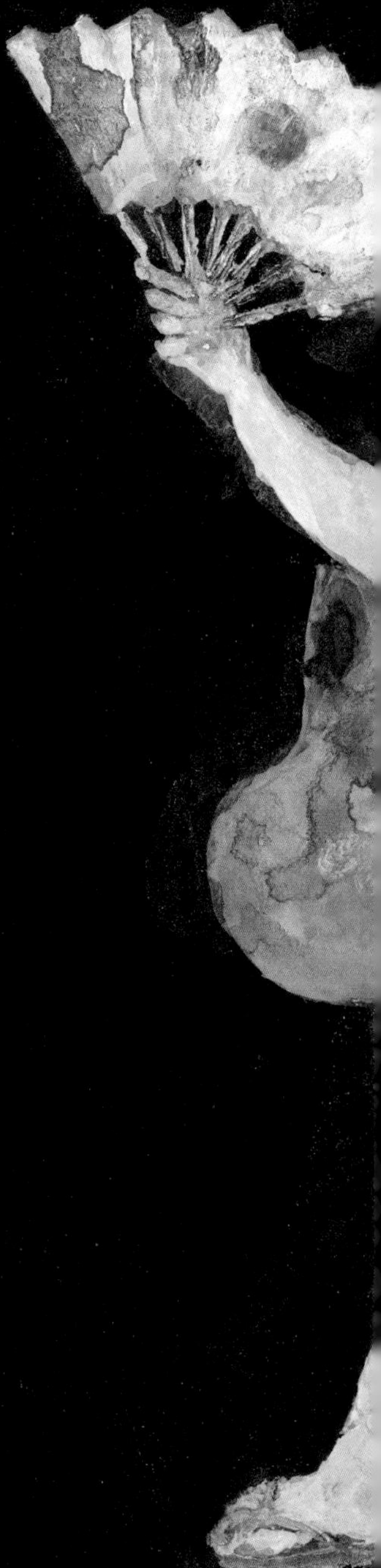

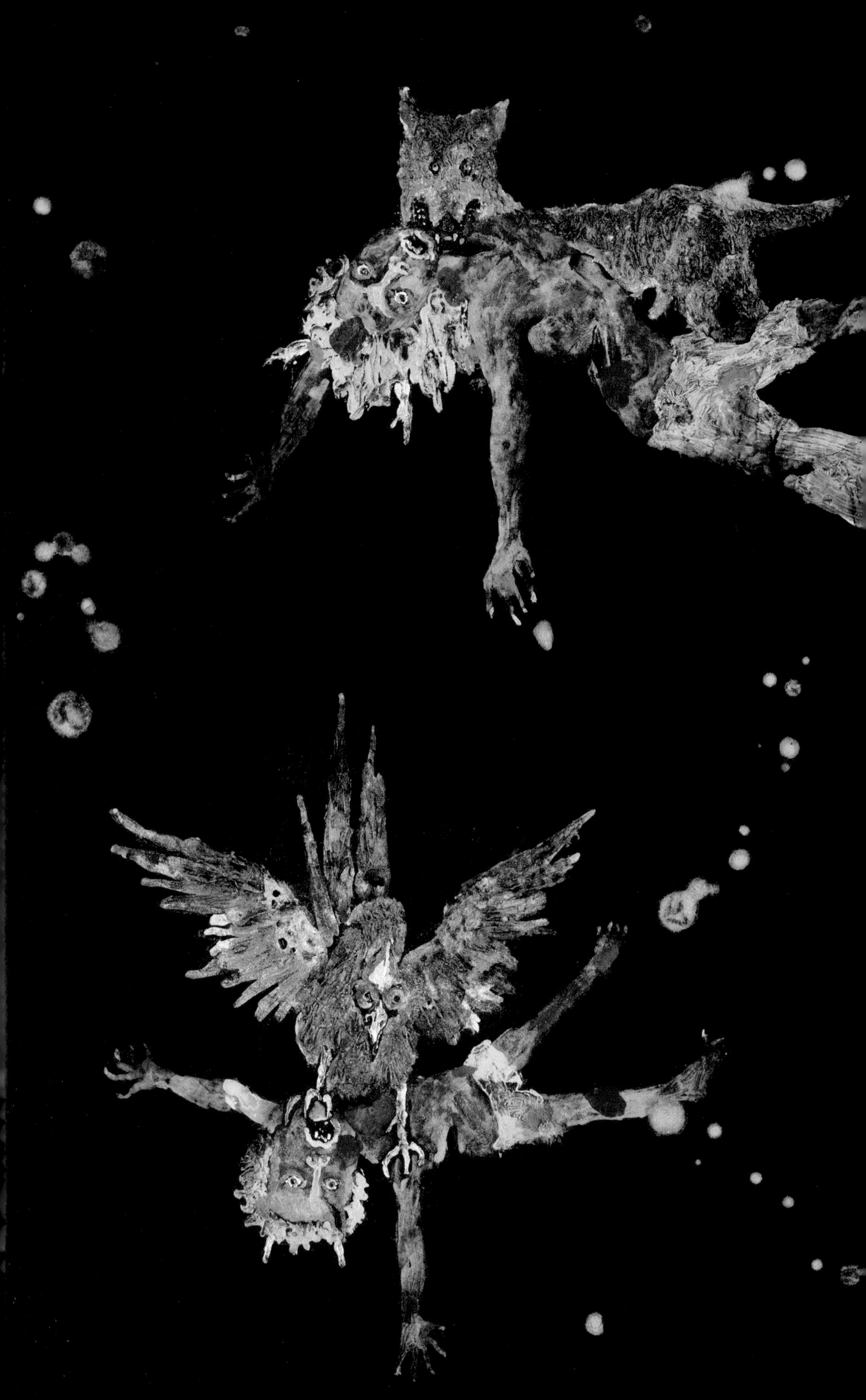

犬猿雉《いぬさるきじ》の三匹《さんびき》は仲《なか》の好《い》い家来《けらい》では
なかったかも知《し》れない。
が、饑《う》えた動物《どうぶつ》ほど、
忠勇無双《ちゅうゆうむそう》の兵卒《へいそつ》の資格《しかく》を
具《そな》えているものはないはずである。
彼等《かれら》は皆《みな》あらしのように、
逃《に》げまわる鬼《おに》を追《お》いまわした。

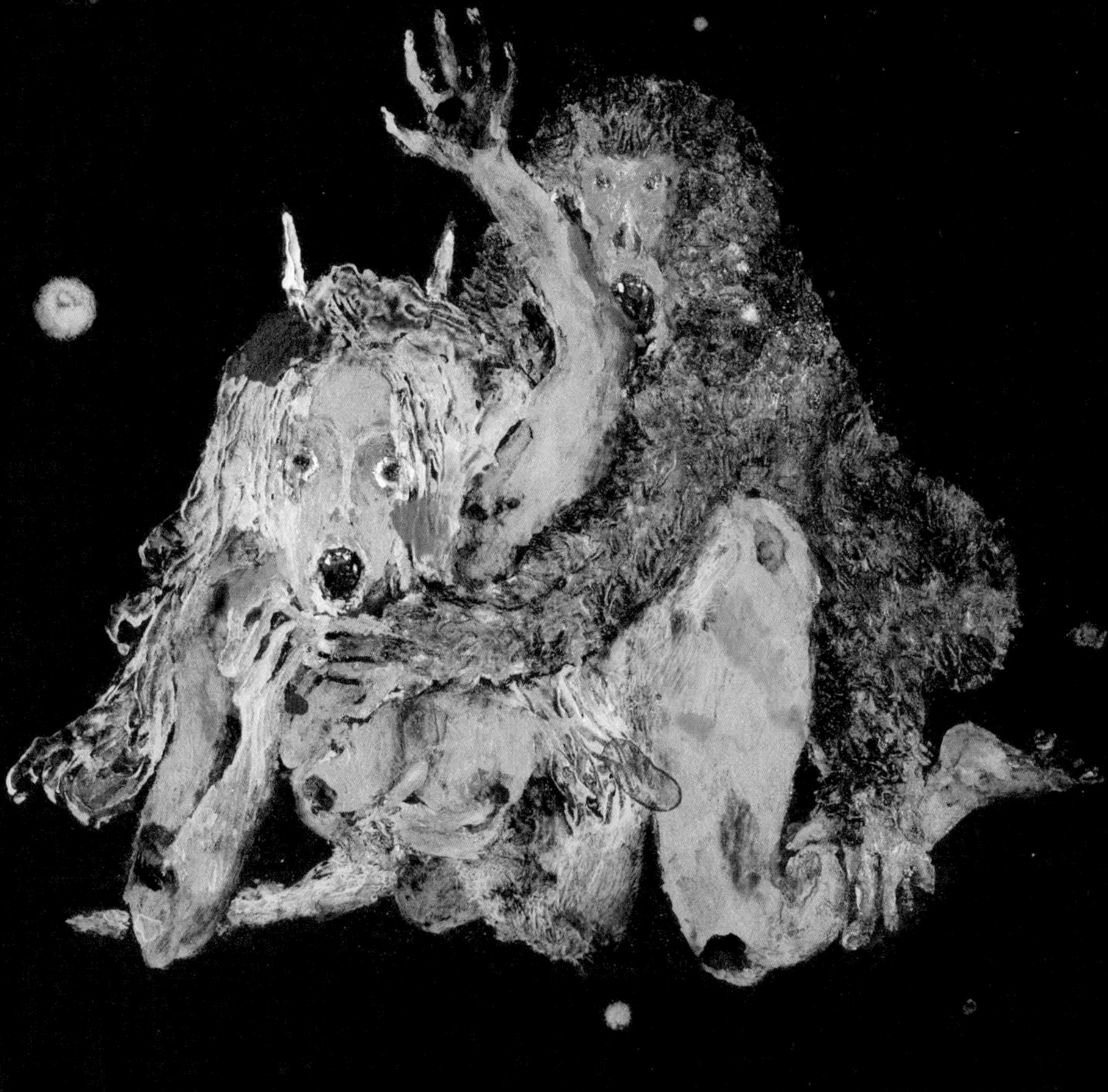

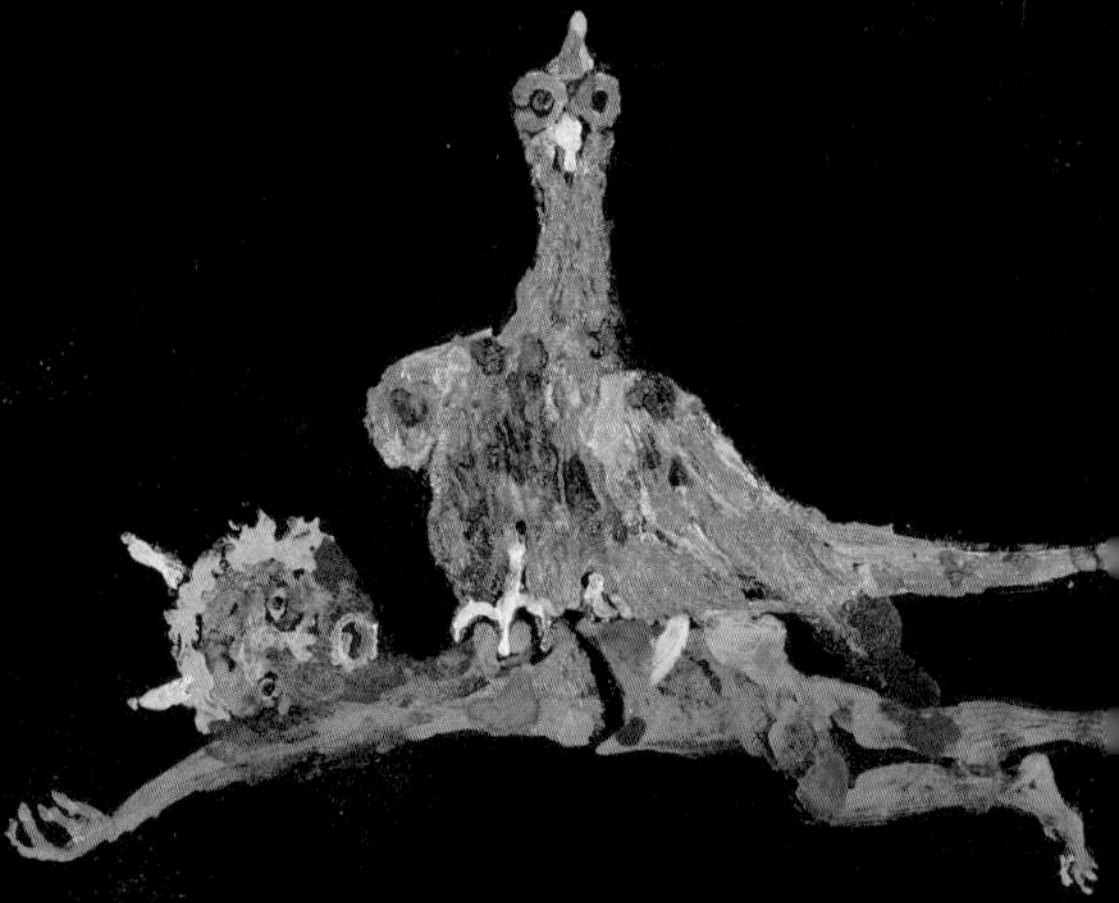

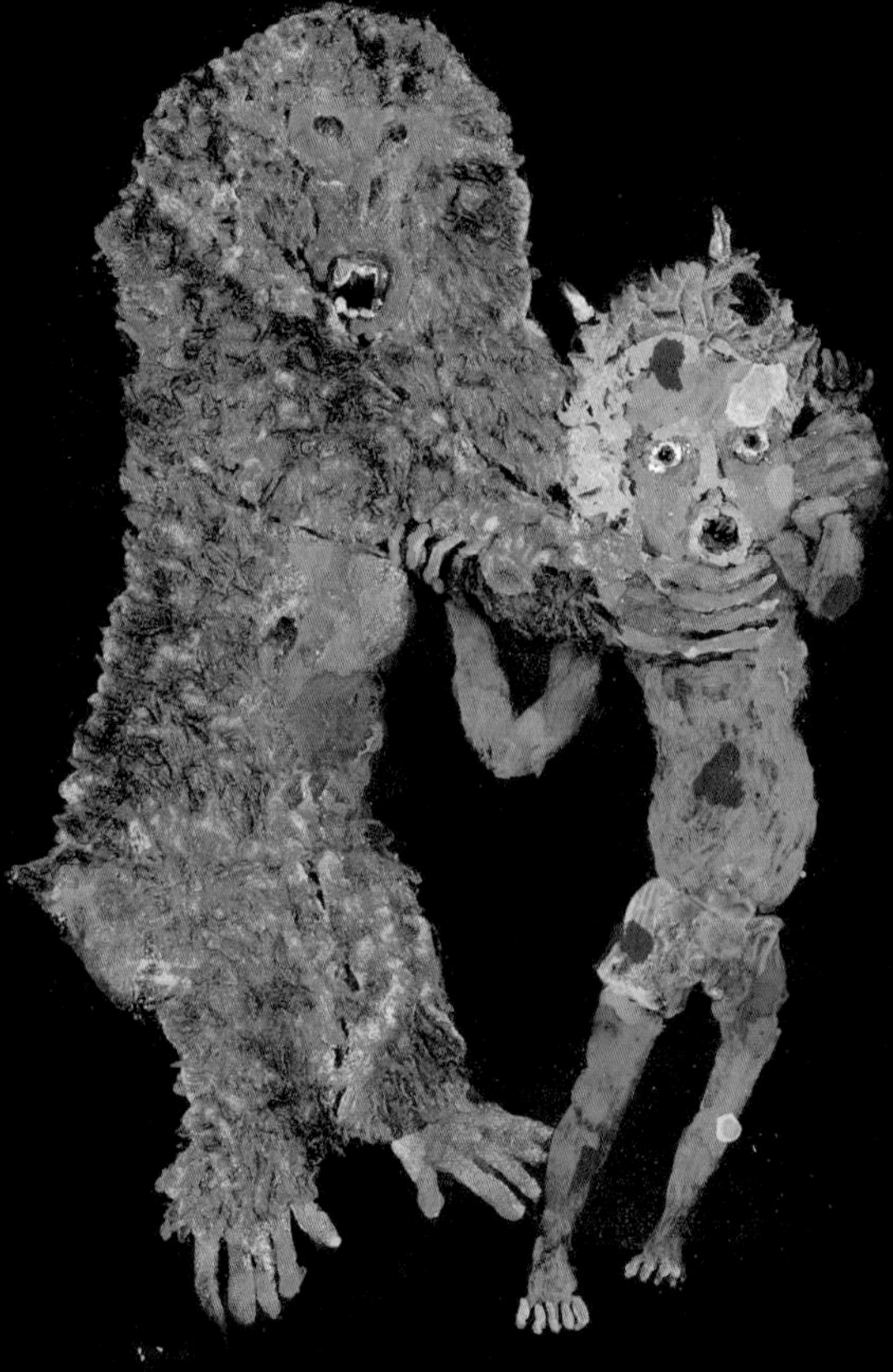

あらゆる罪悪《ざいあく》の行《おこな》われた後《のち》、
とうとう鬼《おに》の酋長《しゅうちょう》は、
命《いのち》をとりとめた数人《すうにん》の鬼《おに》と、
桃太郎《ももたろう》の前《まえ》に降参《こうさん》した。
桃太郎《ももたろう》の得意《とくい》は思《おも》うべしである。
鬼《おに》が島《しま》はもう昨日《きのう》のように、
極楽鳥《ごくらくちょう》の囀《さえず》る楽土《らくど》ではない。
椰子《やし》の林《はやし》は至《いた》るところに
鬼《おに》の死骸《しがい》を撒《ま》き散《ち》らしている。
桃太郎《ももたろう》は、鬼《おに》の酋長《しゅうちょう》へ厳《おごそ》かにこういい渡《わた》した。

「では格別《かくべつ》の憐愍《れんびん》により、
貴様《きさま》たちの命《いのち》は赦《ゆる》してやる。
その代《かわ》りに鬼《おに》が島《しま》の宝物《たからもの》は
一《ひと》つも残《のこ》らず献上《けんじょう》するのだぞ。」
「はい、献上致《けんじょういた》します。」
「なおそのほかに貴様《きさま》の子供《こども》を
人質《ひとじち》のためにさし出《だ》すのだぞ。」
「それも承知致《しょうちいた》しました。」
鬼《おに》の酋長《しゅうちょう》はもう一度《いちど》額《ひたい》を土《つち》へすりつけた後《のち》、
恐《おそ》る恐《おそ》る桃太郎《ももたろう》へ質問《しつもん》した。

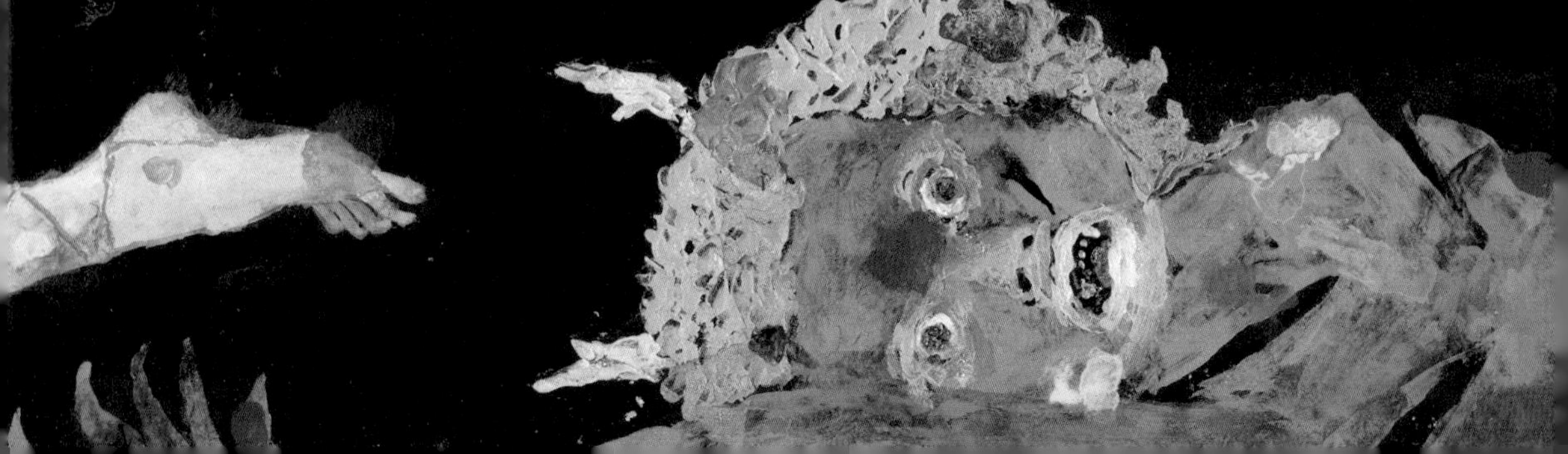

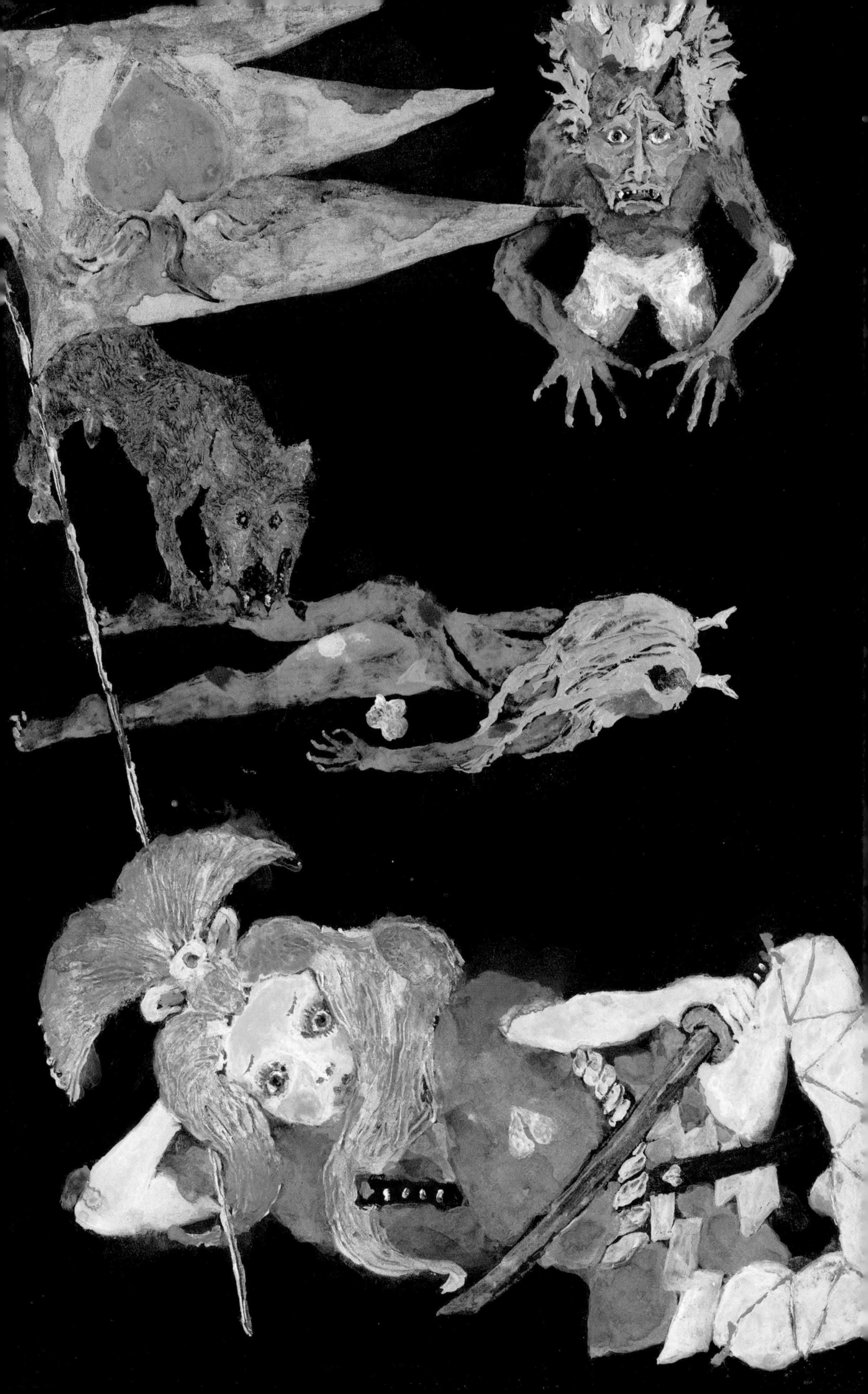

「わたくしどもはあなた様《さま》に何《なに》か無礼《ぶれい》でも致《いた》したため、
御征伐《ごせいばつ》を受《う》けたことと存《ぞん》じて居《お》ります。
しかし実《じつ》はわたくしを始《はじ》め、鬼《おに》が島《しま》の鬼《おに》は
あなた様《さま》にどういう無礼《ぶれい》を致《いた》したのやら、とんと合点《がてん》が参《まい》りませぬ。
ついてはその無礼《ぶれい》の次第《しだい》をお明《あか》し下《くだ》さる訣《わけ》には参《まい》りますまいか？」
桃太郎《ももたろう》は悠然《ゆうぜん》と頷《うなず》いた。
「日本一《にっぽんいち》の桃太郎《ももたろう》は犬猿雉《いぬさるきじ》の三匹《さんびき》の忠義者《ちゅうぎもの》を
召《め》し抱《かか》かかえた故《ゆえ》、鬼《おに》が島《しま》へ征伐《せいばつ》に来《き》たのだ。」
「ではそのお三《さん》かたをお召《め》し抱《かか》えなすったのは
どういう訣《わけ》でございますか？」
「それはもとより鬼《おに》が島《しま》を征伐《せいばつ》したいと志《こころざ》した故《ゆえ》、
黍団子《きびだんご》をやっても召《め》し抱《かか》えたのだ。
――どうだ？　これでもまだわからないといえば、
貴様《きさま》たちも皆殺《みなごろ》してしまうぞ。」
鬼《おに》の酋長《しゅうちょう》は驚《おどろ》いたように、三尺《さんしゃく》ほど後《うしろ》へ飛《と》び下《さが》ると、
いよいよまた丁寧《ていねい》にお時儀《じぎ》をした。

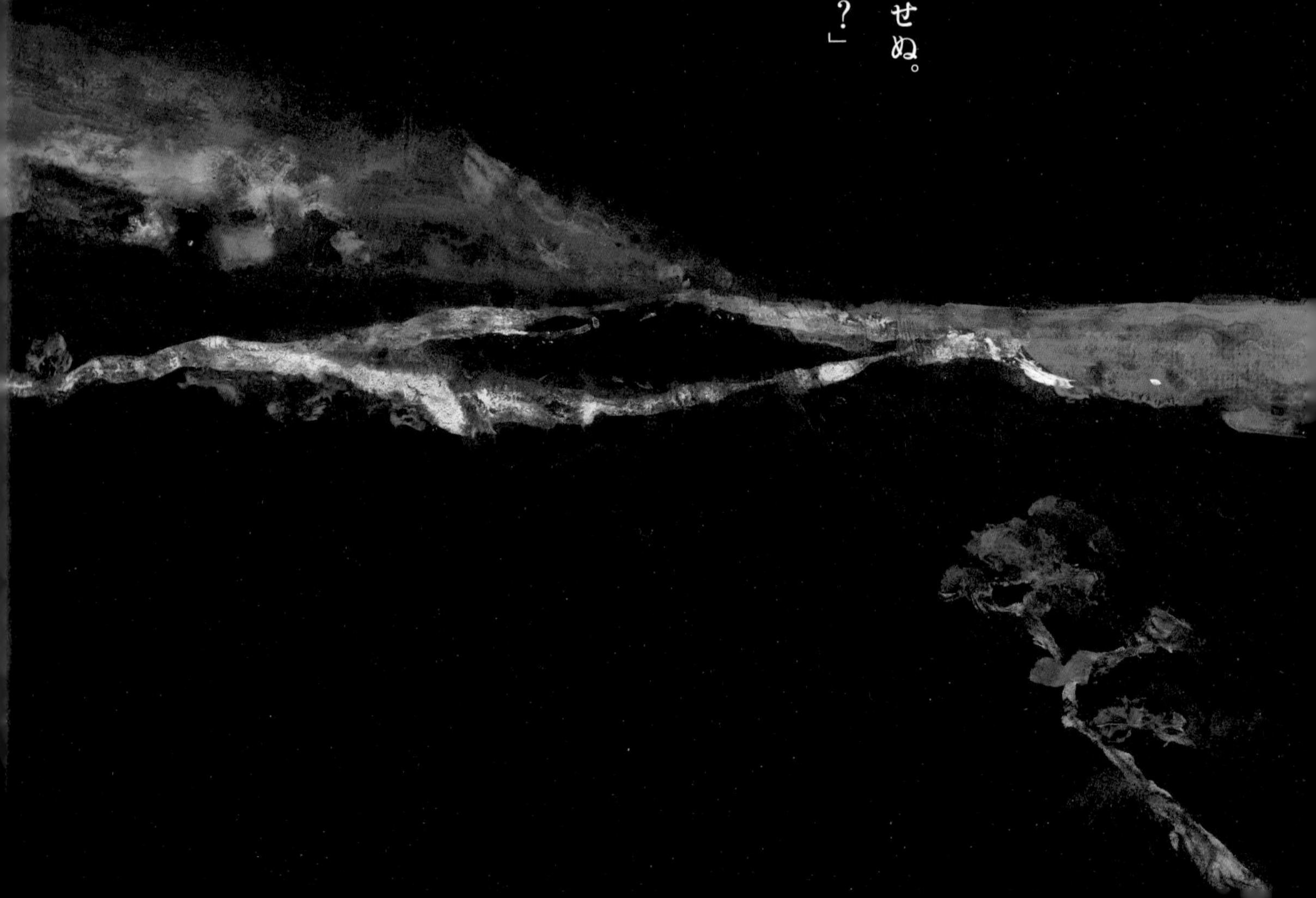

日本一《にっぽんいち》の桃太郎《ももたろう》は犬猿雉《いぬさるきじ》の三匹《さんびき》と、
人質《ひとじち》に取《と》った鬼《おに》の子供《こども》に
宝物《たからもの》の車《くるま》を引《ひ》かせながら、
得々《とくとく》と故郷《こきょう》へ凱旋《がいせん》した。
——これだけはもう日本中《にほんじゅう》の子供《こども》の
とうに知《し》っている話《はなし》である。

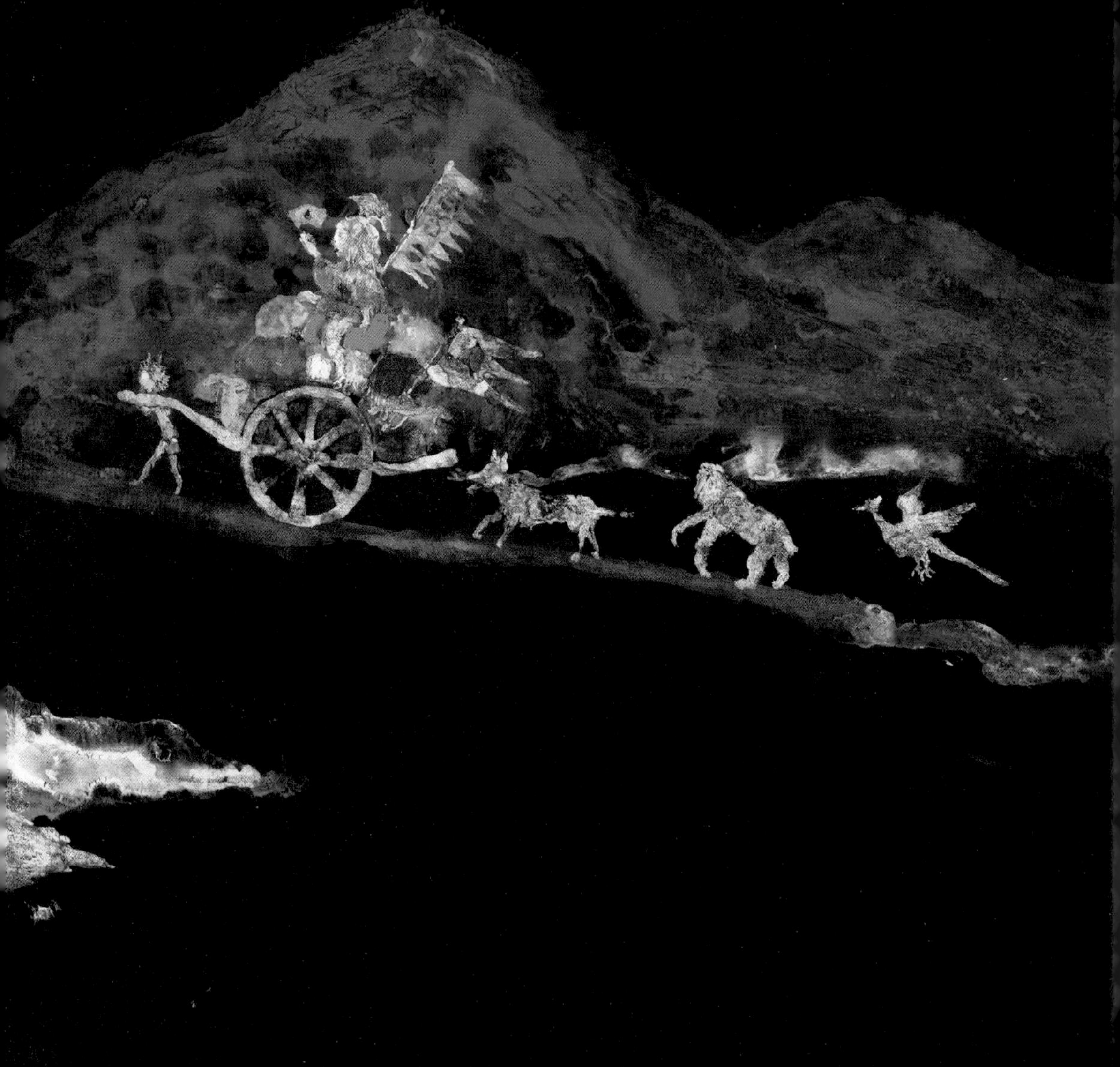

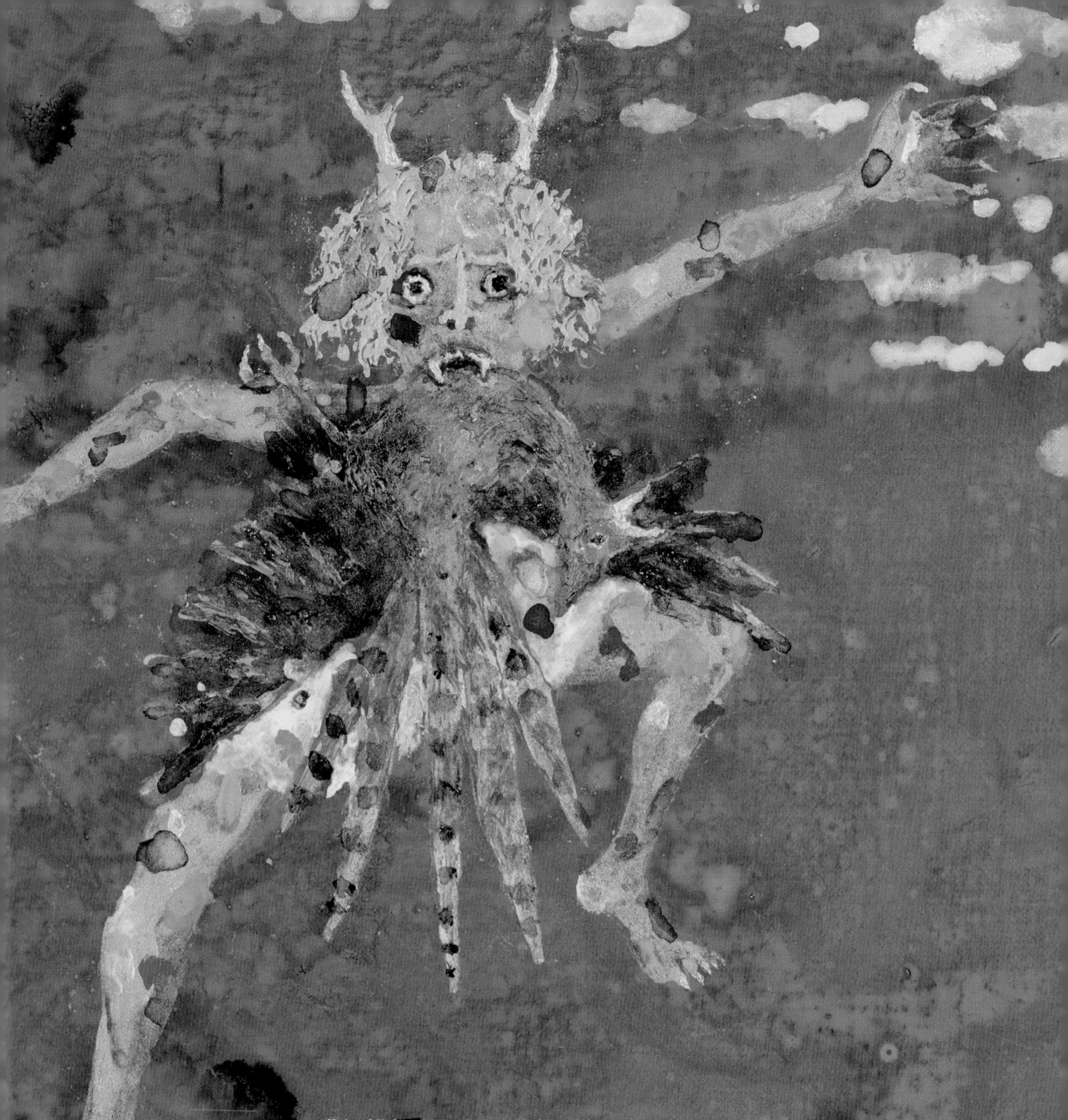

しかし桃《もも》太《た》郎《ろう》は必《かなら》ずしも
幸福《こうふく》に一生《いっしょう》を送《おく》った訣《わけ》ではない。
鬼《おに》の子《こ》供《ども》は一人前《いちにんまえ》になると
番人《ばんにん》の雉《きじ》を噛《か》み殺《ころ》した上《うえ》、
たちまち鬼《おに》が島《しま》へ逐電《ちくでん》した。
のみならず鬼《おに》が島《しま》に生《い》き残《のこ》った鬼《おに》は
時々《ときどき》海《うみ》を渡《わた》って来《き》ては、
桃《もも》太《た》郎《ろう》の屋《や》形《かた》へ火《ひ》をつけたり、
桃《もも》太《た》郎《ろう》の寝《ね》首《くび》をかこうとした。
何《なん》でも猿《さる》の殺《ころ》されたのは
人違《ひとちが》いだったらしいという噂《うわさ》である。
桃《もも》太《た》郎《ろう》はこういう重《かさ》ね重《がさ》ねの不《ふ》幸《こう》に
嘆息《たんそく》を洩《も》らさずにはいられなかった。

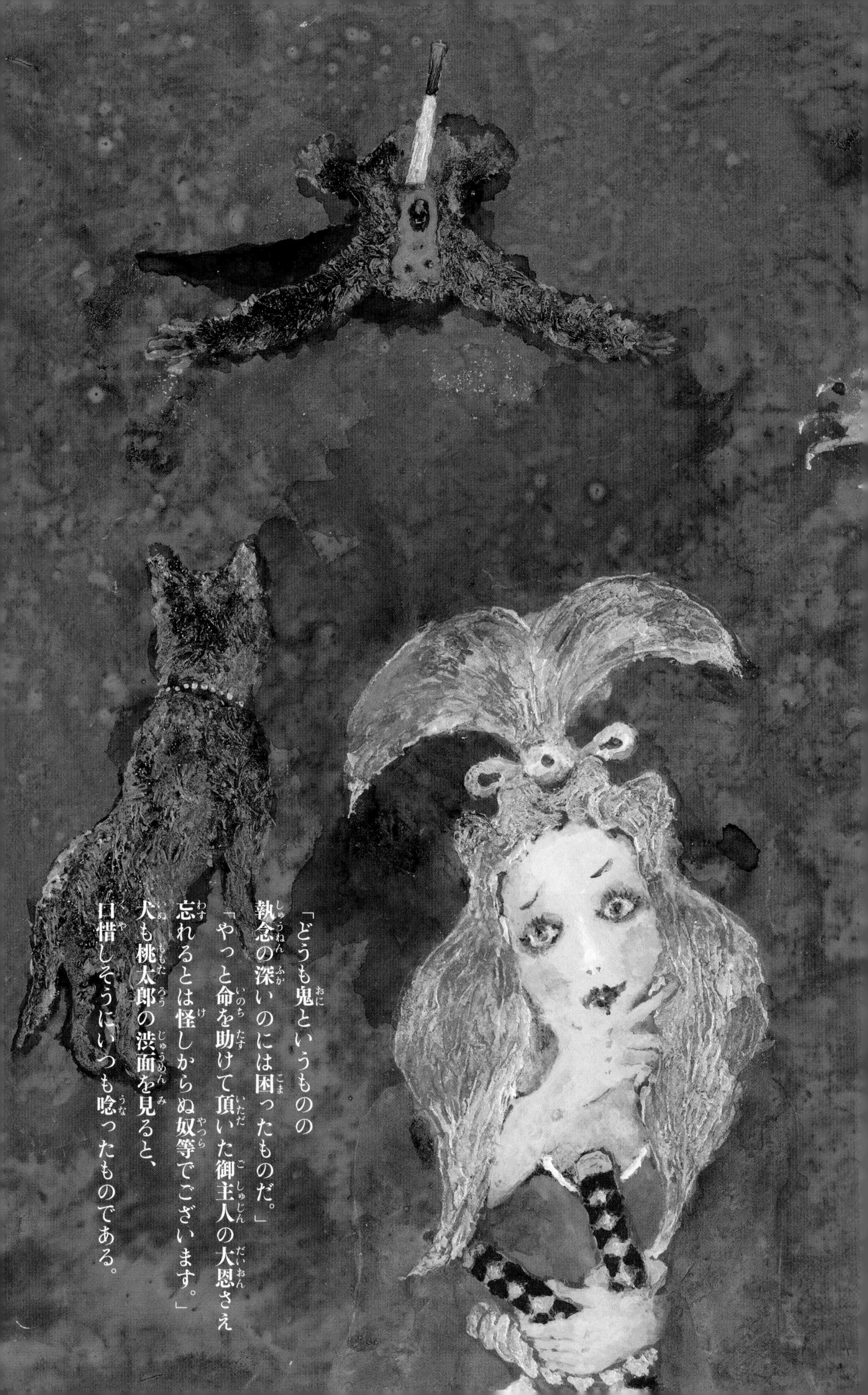

「どうも鬼《おに》というものの執念《しゅうねん》の深《ふか》いのには困《こま》ったものだ。」

「やっと命《いのち》を助《たす》けて頂《いただ》いた御主人《ごしゅじん》の大恩《だいおん》さえ忘《わす》れるとは怪《け》しからぬ奴等《やつら》でございます。」

犬《いぬ》も桃太郎《ももたろう》の渋面《じゅうめん》を見《み》ると、口惜《くや》しそうにいつも唸《うな》ったものである。

その間《あいだ》も寂《さび》しい鬼《おに》が島《しま》の磯《いそ》には、
美《うつく》しい熱帯《ねったい》の月明《つきあか》りを浴《あ》びた鬼《おに》の若者《わかもの》が
五六人《ごろくにん》、鬼《おに》が島《しま》の独立《どくりつ》を計画《けいかく》するため、
椰子《やし》の実《み》に爆弾《ばくだん》を仕《し》こんでいた。
優《やさ》しい鬼《おに》の娘《むすめ》たちに
恋《こい》をすることさえ忘《わす》れたのか、
黙々《もくもく》と、しかし嬉《うれ》しそうに
茶碗《ちゃわん》ほどの目《め》の玉《たま》を赫《かがや》かせながら。

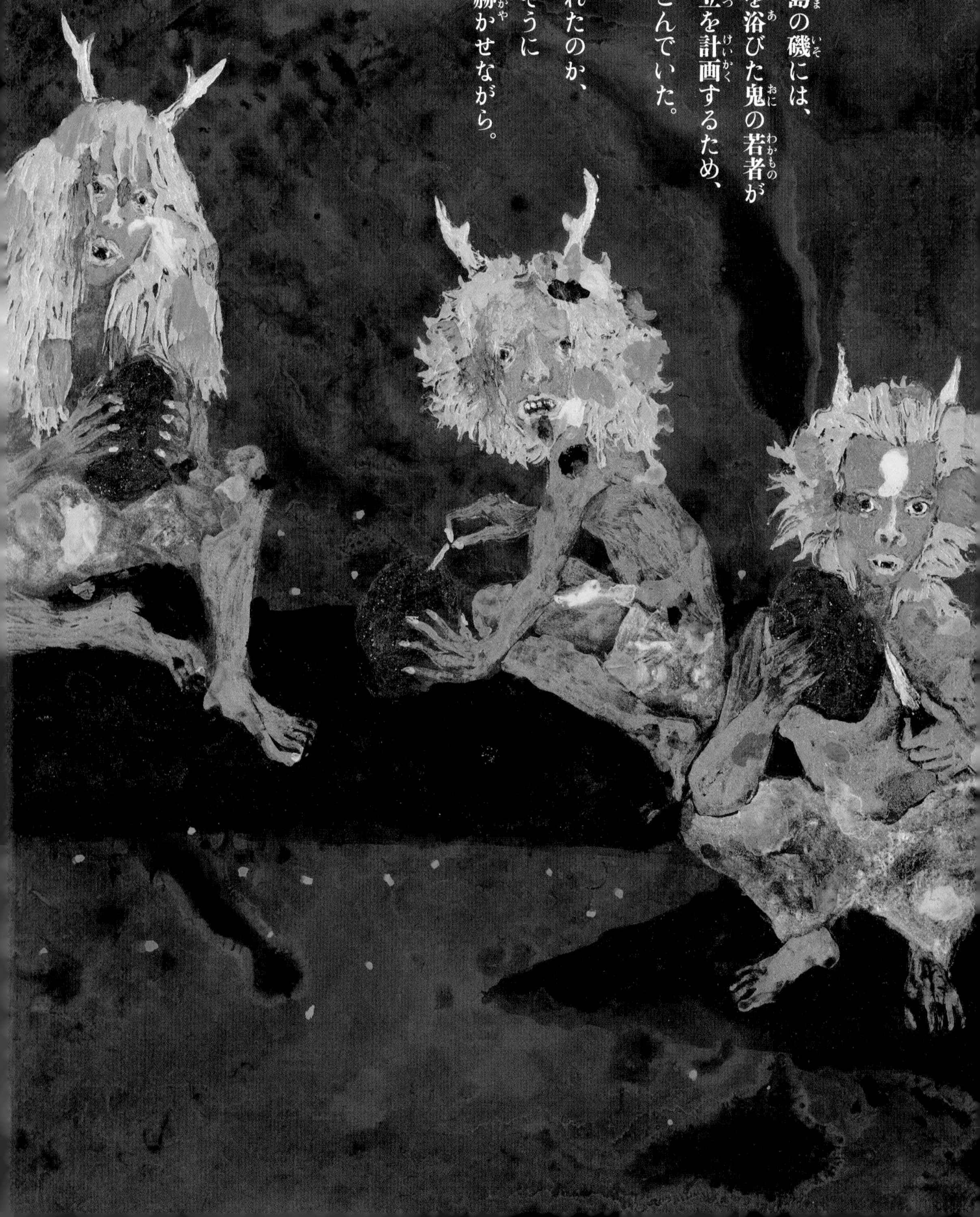

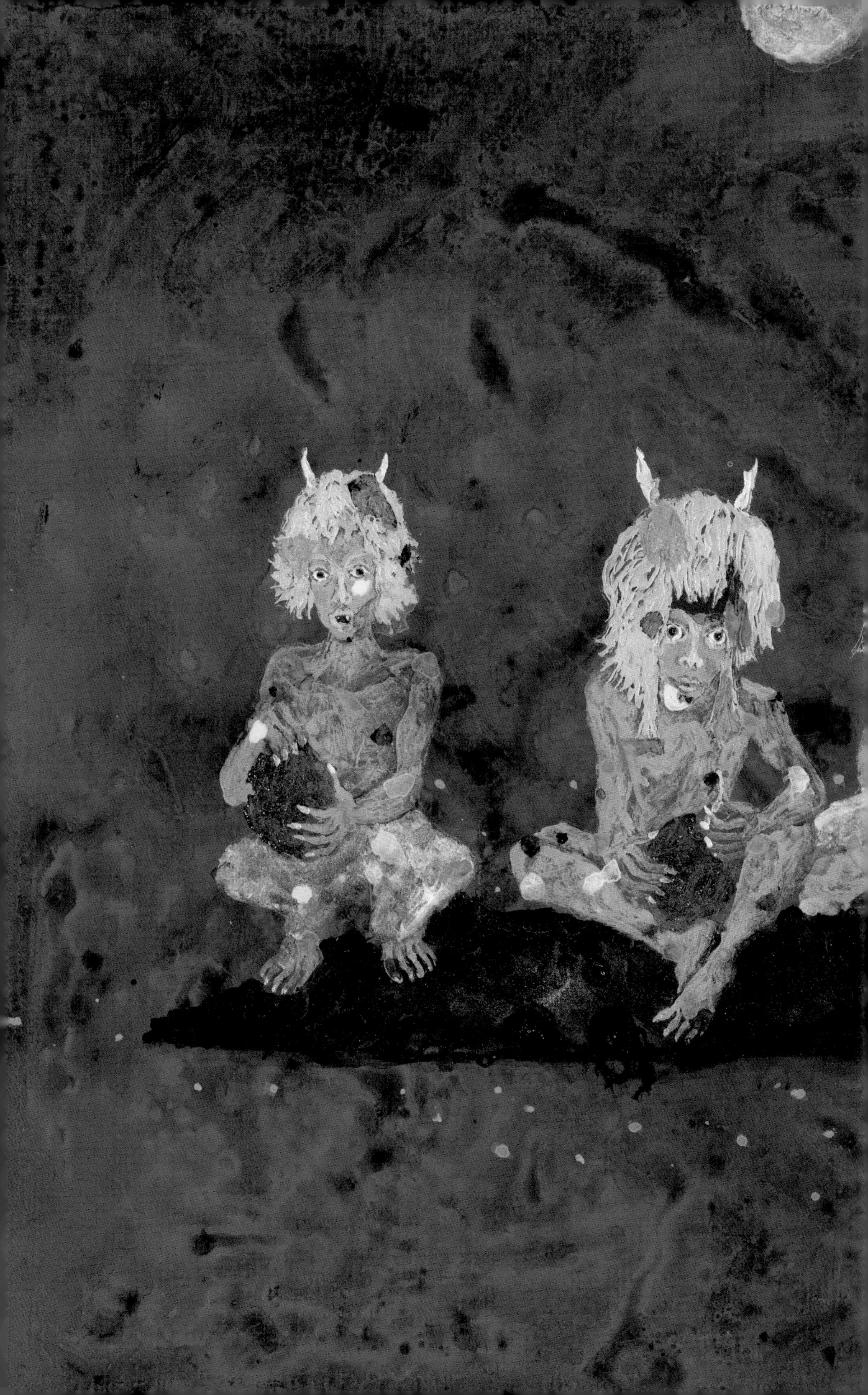

人間《にんげん》の知《し》らない山《やま》の奥《おく》に
雲霧《くもきり》を破《やぶ》った桃《もも》の木《き》は
今日《こんにち》もなお昔《むかし》のように、
累々《るいるい》と無数《むすう》の実《み》をつけている。
勿論《もちろん》桃太郎《ももたろう》を孕《はら》んでいた実《み》だけは
とうに谷川《たにがわ》を流《なが》れ去《さ》ってしまった。
しかし未来《みらい》の天才《てんさい》は
まだそれらの実《み》の中《なか》に
何人《なんぴと》とも知《し》らず眠《ねむ》っている。
あの大《おお》きい八咫鴉《やたがらす》は今度《こんど》は
いつこの木《き》の梢《こずえ》へ
もう一度《いちど》姿《すがた》を露《あら》わすであろう？

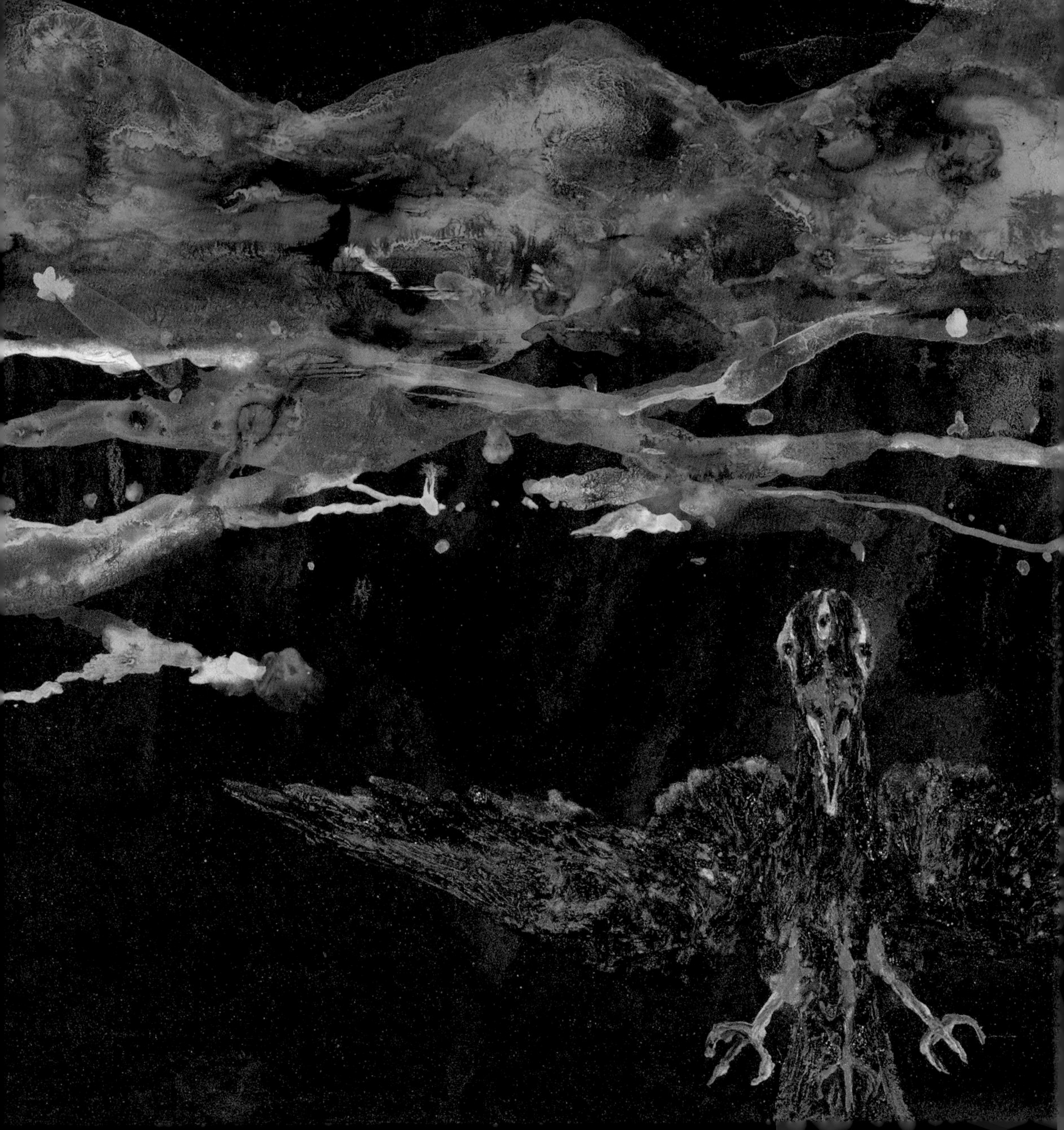

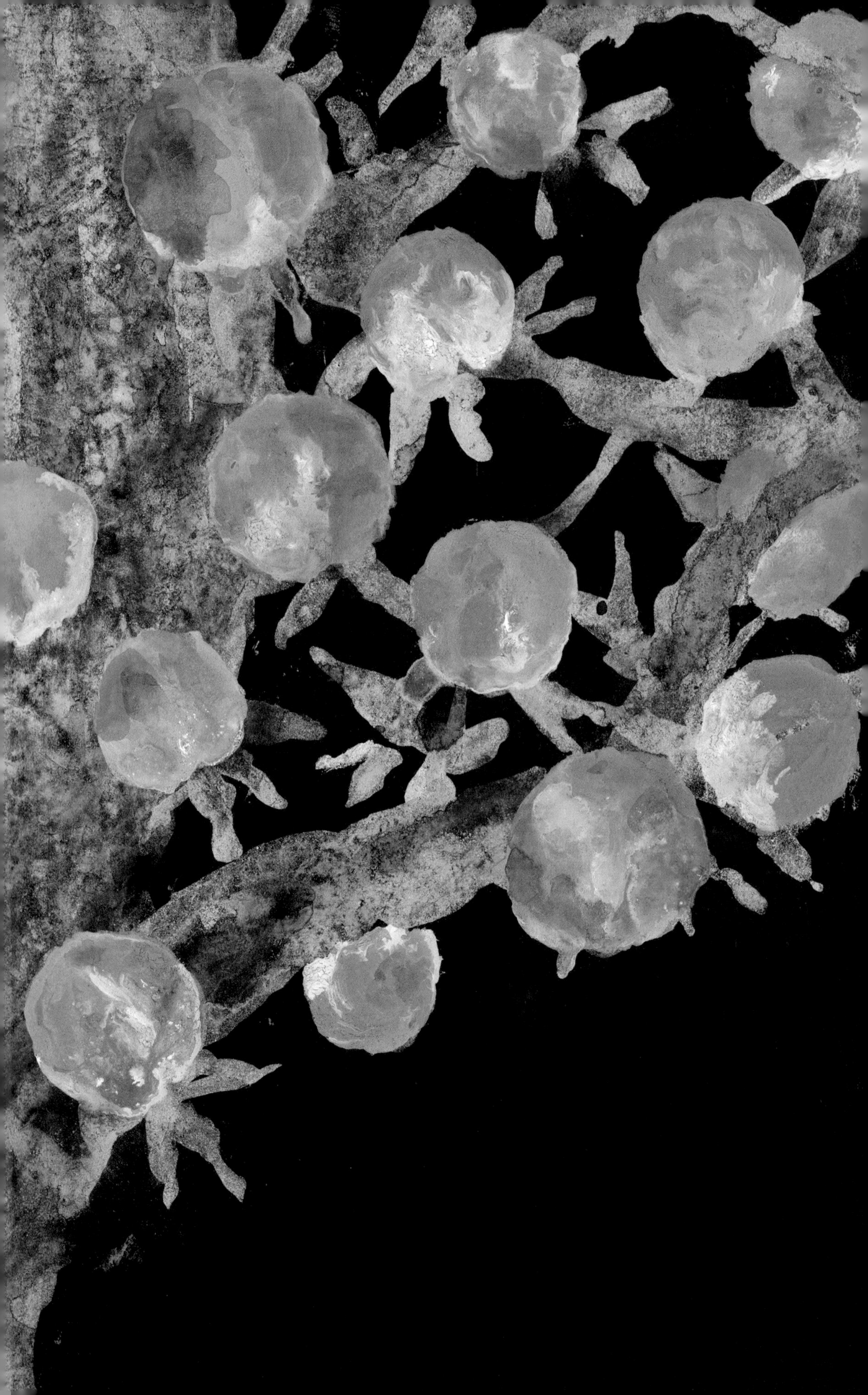

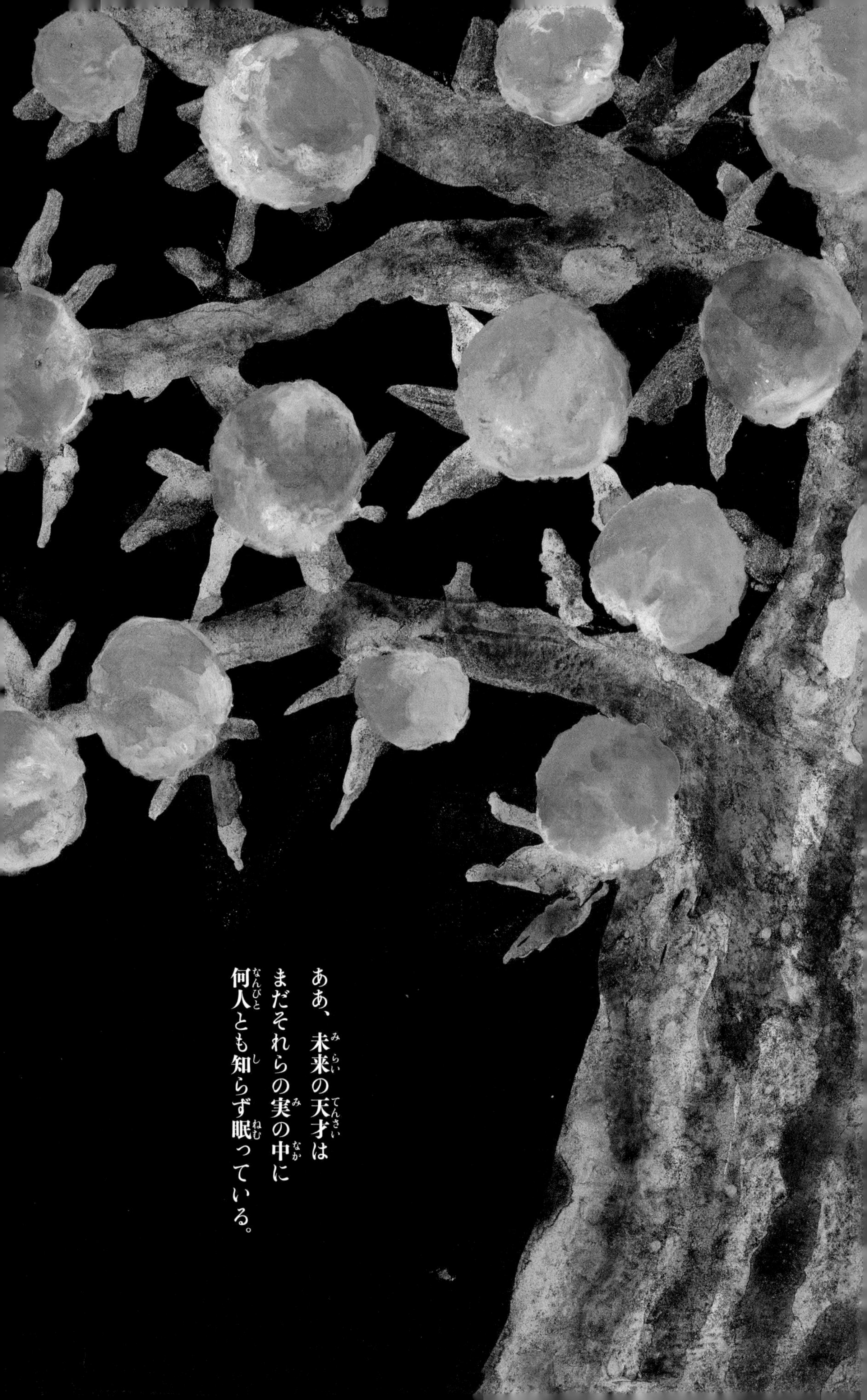

ああ、未来《みらい》の天才《てんさい》は
まだそれらの実《み》の中《なか》に
何人《なんぴと》とも知《し》らず眠《ねむ》っている。

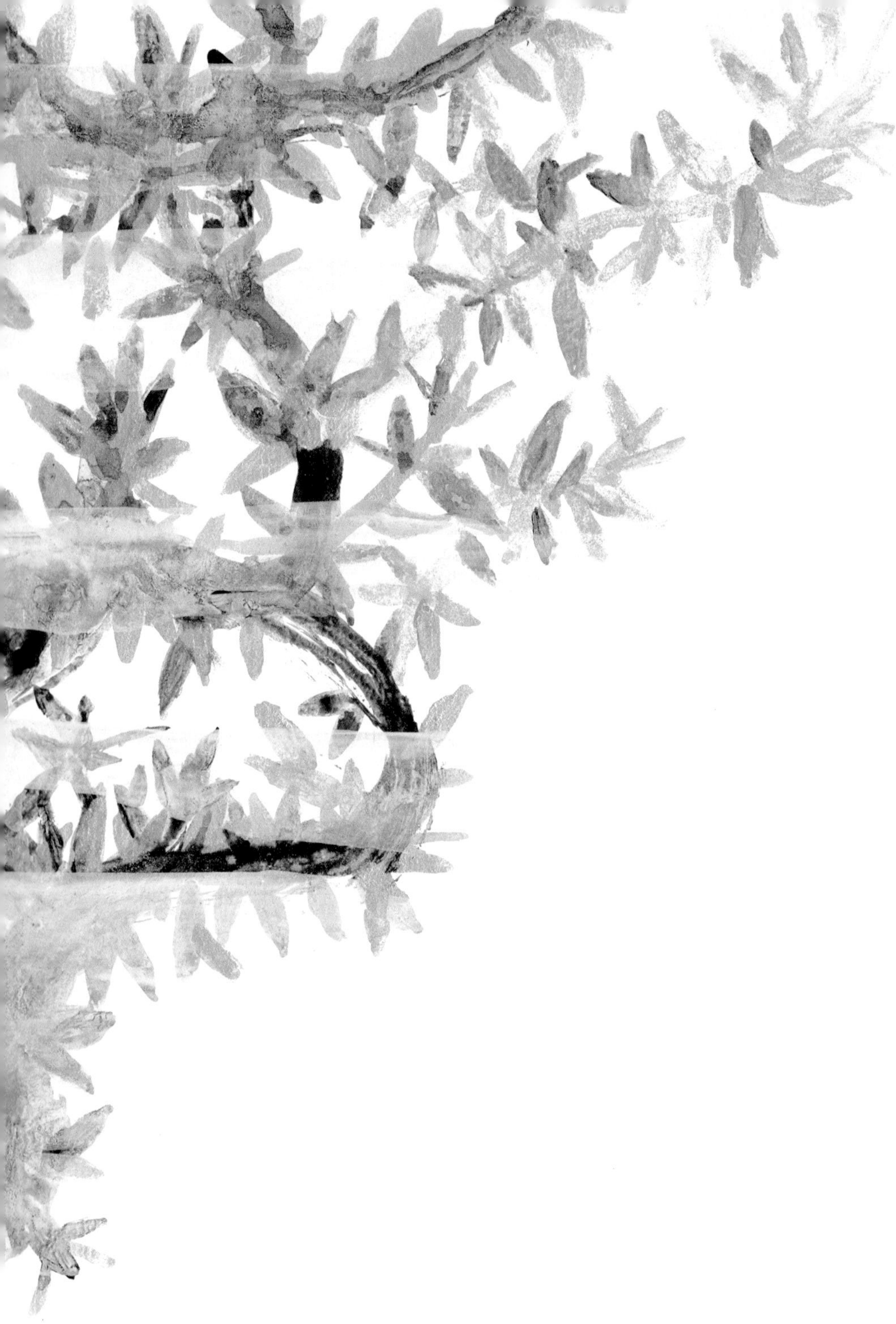

芥川龍之介（あくたがわ・りゅうのすけ）

作家。１８９２年東京生まれ。東京帝国大学英文科卒業。１９１６年「新思潮」に発表した短編小説「鼻」が夏目漱石の賞賛を受け、作家としての地位を確立してゆく。１９２１年頃より心身に不調をきたすようになり、１９２７年、35歳にて自死を遂げる。「羅生門」「蜘蛛の糸」「地獄変」「杜子春」「藪の中」「或阿呆の一生」「河童」など小説をはじめ、随筆、童話、戯曲ほか多数の著作がある。

寺門孝之（てらかど・たかゆき）

画家。神戸芸術工科大学教授。１９６１年名古屋市生まれ。３歳より神戸市で育つ。大阪大学文学部美学科卒業後、セツ・モードセミナーで絵を学ぶ。神戸と東京を拠点にし、「天使」や「夢」をモチーフに独自の絵画世界を切り開く。展覧会はじめ、書籍の装画、絵本、ライブペインティングなど幅広く活動。映画、演劇とのコラボレーションも多い。著書に『天使ブック』（リトルモア）、『天使のプレゼント』（大和書房）、『ぼくらのオペラ』（イースト・プレス）ほか多数。

＊本書は、２００５年６月にピエ・ブックスから刊行された単行本『MOMOTARO 桃太郎』の改題・改訂版です。掲載画は一部差し替えと加筆修正をし、すべて原画から新たにスキャニングを行ないました。テキストは『芥川龍之介全集５』（ちくま文庫）所収「桃太郎」を底本として、一部省略をし、漢字にはすべて読み仮名を振りました。

芥川龍之介の桃太郎

２０２４年１月20日初版印刷
２０２４年１月30日初版発行

文　芥川龍之介
画　寺門孝之
デザイン　川名潤
発行者　小野寺優
発行所　株式会社河出書房新社
〒１５１－００５１
東京都渋谷区千駄ヶ谷２－32－２
電話　０３－３４０４－１２０１（営業）
　　　０３－３４０４－８６１１（編集）
https://www.kawade.co.jp/

印刷　ＴＯＰＰＡＮ株式会社
製本　加藤製本株式会社

Printed in Japan　ISBN978-4-309-29373-8